KB269233

10대들의 힐링캠프

10대들의 힐링캠프
난 내 삶이 참 마음에 든다

[교실밖 교과서 시리즈 **NO.04**]

글 | 샨티아이들
엮은이 | 박기복
발행인 | 김경아

2013년 3월 27일 1판 1쇄 발행
2013년 4월 30일 1판 2쇄 발행
2013년 10월 30일 1판 3쇄 발행
2014년 7월 17일 1판 4쇄 발행

이 책을 만든 사람들
책임 기획 | 김경아
디자인 | 김효정
교정 | 안종군
경영 지원 | 홍종남

이 책을 함께 만든 사람들
종이 | 제이피씨 정동수
제작 및 인쇄 | 다오기획 김대식

펴낸곳 | 행복한나무
출판등록 | 2007년 3월 7일. 제 2007-5호
주소 | 서울시 마포구 서교동 442-2번지 105호
전화 | 02) 322-3856
팩스 | 02) 322-3857
홈페이지 | www.ihappytree.com
도서 문의(출판사 e-mail) | book@ihappytree.com
도서 문의(책말글 연구소) | cafe.naver.com/booktalkwrite
※ 이 책을 읽다가 궁금한 점이 있을 때는 책말글 cafe를 이용해주세요.

ⓒ 박기복, 2013
ISBN 978-89-93460-43-8
"행복한나무" 도서번호 : 054

10대들의 힐링캠프

난 내 삶이 참 마음에 든다

글 샨티아이들 | 엮은이 박기복

나도 행복을 누리고 싶어요

저는 일반 인문계 학교에 다니는 열등생입니다. 작가가 되고 싶지만 뒷 받침해주기는커녕 방해만 하는 학교 현실에 끙끙 앓고 있는 작가 지망 생입니다. 오늘도 야자 시간에 책상에 엎드린 친구들을 바라보며 떠오르 는 대로 시를 씁니다. 물론 국어 공부와는 아무런 관련이 없습니다. 저 에게 국어 교과서는 제가 꿈꾸는 문학과 아무런 관련이 없습니다.

우리 학교에 음악을 잘하는 아이가 있었습니다. 다른 반이라 말 한마디 섞어보지 못했지만 그는 기타를 아주 잘 쳤다고 합니다. 그리고 작곡에 도 상당한 관심을 기울였다고 합니다. 싱어송 라이터가 되고 싶었던 그 아이는 자신의 꿈을 위해 학교를 그만두었습니다.

저희 반에는 그림을 잘 그리는 아이가 있습니다. 그 아이는 그림을 그리 고 싶다고 하더군요. 모두의 비웃음거리가 되었지만 저는 비웃지 않았습 니다. 그런데 그 아이가 수개월 동안 고민하다가 최근에 결정을 내렸다 고 합니다. 미술을 포기하고 공부에 전념하기로 말이지요.

생각해보니 정말 웃깁니다. 어떤 아이는 음악 교과 시간이 있는데도 음악을 배우기 위해 학교를 그만두고, 또 어떤 아이는 미술 교과 시간이 있는데도 미술을 포기하겠다고 결심하고, 또 어떤 아이는 국어 교과 수업이 있는데도 작가가 되기 위해 다른 책을 읽어야 합니다. 왜 그래야 하나요? 저는 정말 이해가 가지 않습니다.

대한민국의 평범한 고등학생인 태진이가 쓴 글의 일부입니다. 음악 교과 시간이 있는데도 음악을 위해 학교를 그만두고, 미술 교과 과정이 있는데도 공부를 위해 미술을 포기하고, 국어 수업이 작가가 되기 위한 꿈에 전혀 도움이 안 되는 현실에 좌절감을 느끼는 평범한 고등학생입니다. 이처럼 현실에 좌절하고, 고민하는 10대가 태진이뿐일까요?

대한민국의 10대는 자유를 억압당하고, 자기를 잃어버리고, 일방적으로 학습 노동을 강요당하면서 삽니다. 꿈을 이야기하지만 불안한 사회는 마음껏 꿈꾸도록 내버려두지도 않습니다. 흔히 10대들이 공부로 인해, 그리고 학교 폭력으로 인해 많은 상처를 받는다고 여기지만 진짜 심각한 상처는 학교가 아니라 가정에서 벌어지는 경우도 많습니다.

초등학교 5학년 때다. 그날 밤은 엄마가 멀리 출장을 가시고 언니와 나는 자고 있었다. 그때는 지금과 달리 나는 허리까지 내려오는 긴 생머리였다. 아빠는 언제나 징그럽다고 자르라고 하셨지만, 그 말을 대충 넘기고 자르지 않았다. 그러던 어느 날이었다. 언니가 새벽에 나를 깨웠다. 비몽사몽 정신도 못 차리는 나를 데려간 곳은 화장실이었다.
그곳엔 아빠가 있었고 난 잠이 모두 달아났다. 불길한 느낌이 들었다. 긴장하고 아빠에게 인사를 올렸다. 주변은 깨끗한데 화장실과는 어울리지 않는 부엌 가위가 하나가 있었다. 아빠가 머리를 잘라주신댔다. 아빠는 큰 손으로 내 머리카락을 움켜쥐고 가위로 싹둑 잘라버렸다. 잘려진 머리는 내 귀 아래로 내려왔다. 그 뒤로 내 머리카락은 다시는 내 어깨 아래로 내려가지 못했다.

무서운 폭력을 가하는 이가 아빠였다는 사실이 끔찍합니다. 문제는 그것이 폭력인지도, 끔찍한 학대인지조차 모르고 살았다는 겁니다. 그런 아이들이 너무 많습니다.

자기 힘으로 치유에 나선 10대들

　　아이들을 보호해야 할 부모와 선생님은 보호자라기보다는 똑같이 피해자 노릇을 하거나, 때로는 가해자 노릇도 합니다. 수많은 가정에서 비밀리에 폭력, 협박, 비방, 방치, 강요, 학대가 자행됩니다. 겉으로는 아무 이상 없이 행복하게 지내는 듯 보여도 상처 없이 자라는 10대가 별로 없습니다.

　　많은 어른들이 자기 삶도 제대로 살지 못해 버거워합니다. 경쟁이 지나치게 치열하다 보니 삶을 아름답게 꾸려나갈 에너지가 없습니다. 그저 살아남기 위해 발버둥을 칩니다. 자식에게도 살아남기 위한 힘을 기르는 데만 신경 쓰고, 행복하게 사는 법은 살아남은 뒤에 고민하라고 미뤄 버립니다.

　　그래서 아픕니다. 10대는 아픕니다. 상처투성이입니다. 상처받은 10대는 학교를 뛰쳐나오기도 합니다. 그러나 학교 밖으로 뛰쳐나온 10대만이 상처를 안고 살지는 않습니다. 학교 내에서 머무는 10대들 가슴에도 상처는 가득합니다. 학교 안에서 사는 10대도, 학교 밖에서 사는 10대도 똑같이 상처를 안고 지냅니다.

이 책은 어른들이 외면한 10대의 상처를, 10대 스스로 치유해나가는 과정을 기록한 성장 기록물입니다. 10대들이 상처받았다는 사실조차 인정하지 않고, 돌보기를 외면한 어른들에게 이제 더 이상 기대지 않고 자기 힘으로 자신을 돌보겠다는 다짐의 기록입니다.

10대 아이들은 부모와 선생님과 어른들의 사랑이 필요합니다. 그러나 어른들은 제대로 된 사랑을 주지 않습니다. 이 책은 사랑을 구걸하지 않고, 스스로 자기를 사랑하는 법을 익혀나가는 10대들의 건강한 사랑 기록입니다.

나도 행복을 누리고 싶다.

현주가 쓴 마지막 문장이 가슴을 울립니다. "나도 행복을 누리고 싶다." 맞습니다. 이 한 문장이 대한민국 10대가 원하는 모든 소망을 품고 있습니다. 행복하게 살고 싶다는 꿈, 그 소박한 꿈을 이룰 힘을 주기 위해 대한민국 10대들에게 행복을 꿈꿀 수 있는 희망을 전달하기 위해 이 책을 펴냅니다. 이 책이 힘겨운 상처로 신음하는 10대 친구들에게 위로와 희망이 되기를 소망합니다.

이 책에 실린 글들은 제가 수업을 나가는 [샨티학교] 청소년과 [책말글연구소]에서 개별적으로 만난 학생들이 쓴 것입니다. 자신의 상처를 드러내는 용기를 발휘하고 내적 성장을 위해 지금도 애쓰는 고운, 석규, 지인, 영운, 소정, 나영, 하은, 정현, 지현, 혜인, 예인, 신우, 신애(이상 샨티학교), 그리고 현주, 민규, 지영, 희정(이상 책말글연구소)에게 격려와 함께 고마움을 전합니다. 또 자신이 쓴 시를 싣도록 허락해준 작가 지망생 태진이에게도 고마움을 전하며, 꼭 꿈을 이루라는 격려를 보냅니다. 그리고 어른들의 잘못으로 고생스런 삶을 꾸려나가는 이 시대 10대 청소년들에게 위로와 사과의 말을 전합니다.

10대로 사는 지금 이 순간, 행복하게 사세요.

'행복'은 어른들이 빼앗으면 안 되는 여러분의 권리입니다.

메마른 대지를 적시는
단비와 같은 삶을 꿈꾸며

時雨

2장. 친구의 상처를 어루만지며 내 상처를 보듬는다

3장. 가족의 비밀, 부모의 아픔

4장. 나는 내 삶이 참 마음에 든다

누가 알까 두려워 꽁꽁 숨겨두었던,

기억을 떠올리기도 싫어서 외면해 버렸던,

10대들이 감추고 산 고통이

여기에 피 흘리며 그 모습을 드러냅니다.

진저리치는 고통을 안고 그들은 어떻게 살았을까요?

혼자 끙끙 앓으며 어떻게 그 아픔을 견뎠을까요?

아픔은 햇살이 비출 때 아문다

그때는 그게 폭력인지도 몰랐다

눈은 말똥말똥 뜨고 있는데도 아무것도 안 보이는 밤이 찾아오고, 내 귀는 고요함이 들려주는 소리에 집중하게 된다. 부엌의 냉장고 소리, 거실의 시계 초침 소리, 아파트 엘리베이터 소리까지 모두 내 방에 모여 날 긴장하게 한다.

다시 엘리베이터 소리가 들린다. 이번에는 좀 길게 들린다. 적어도 3층 아래까지 다가온 듯하다. 곧 내가 사는 층까지 올라올 것 같다. 무섭다. 허리에서 쭈뼛한 기운이 몰려온다. '딩동'하는 소리와 우리 집이 위치한 층을 알리는 안내음이 들린다. 신발 *끄*는 소리, 문이 열리는 소리가 나를 깜짝 놀라게 한다.

몸은 바들바들 떨려오지만 가만히 눈을 감고 죽은 듯 숨을 멈춘다. 이불로 얼굴을 가리고 오늘은 그냥 지나가길 기도한다. 하지만 내 기도를 무시하듯 내 방문을 두드리는 소리가 들린다. 눈은 내 의지와 달리 자동으로 열리고, 눈동자는 어찌할 바를 몰라 갈팡질팡 방황한다.

"제발! 내일 아침이 빨리 오기를……."

소리가 되지 못한 기도만이, 이루어지지도 않을 기도만이 내가 하는 유일한 반항이다.

잘려 나간 머리카락, 잘려나간 희망

아빠의 폭력이 시작된 게 언제였는지는 정확히 기억나지 않는다. 아주 어렸을 때에도 드문드문 기억이 나지만 분명하지는 않다. 가장 선명한 기억은 초등학교 5학년 때다. 그날 밤은 엄마가 멀리 출장을 가시고 언니와 나는 자고 있었다. 그때는 지금과 달리 나는 허리까지 내려오는 긴 생머리였다. 아빠는 언제나 징그럽다고 자르라고 하셨지만 난 그 말을 대충 넘기고 자르지 않았다.

그러던 어느 날이었다. 언니가 새벽에 나를 깨웠다. 비몽사몽 한 나를 끌고 데려간 곳은 화장실이었다. 그곳엔 아빠가 있었고 난 잠이 모두 달아났다. 불길한 느낌이 들었다. 긴장하고 아빠에게 인사를 올렸다. 주변은 깨끗한데 화장실과는 어울리지 않는 부엌 가위가 하나가 있었다. 아빠가 머리를 잘라주신댔다. 아빠는 큰 손으로 내 머리카락을 움켜쥐고, 가위로 …… 싹둑 …… 잘라 …… 버렸다. 잘려진 머리는 내 귀 아래로 떨어졌다. 허망했다. 무섭고 끔찍했지만 아무런 반항도 못했다. 그

가위가 내 몸의 다른 부위도 자를 듯해서 무서웠다. 그 뒤로 내 머리카락은 다시는 내 어깨 아래로 내려가지 못했다.

평소 아빠는 괜찮았다. 그러나 술만 마시면 정말 미친개처럼 굴었다. 어느 날, 아빠가 회식을 하고 뒤늦게 들어왔다. 잠시 뒤 방에 있던 내 물건들은 쓰레기봉투로 모두 사라졌다. 언니와 나는 안방 문 앞에서 쭈그려 자야만 했다. 왜 문 앞에서 자야하는지도 모르고 그냥 자야만 했다. 옆에서는 아빠가 잤는데 언니와 나는 무서워서 손을 꼭 잡았다. 울음이 몰려 나왔다. 하지만 소리를 내진 못했다. 울음소리가 새어나가면 아빠가 깨서 또 무슨 짓을 할지 몰라 무서웠다. 소리가 날까 입을 필사적으로 닫고, 목구멍을 막으면서 생각했다. 하느님이든, 부처님이든 붙잡고 기도를 했다. 그러나 간절히 기도해도 아무런 응답이 없었다. 나와 언니는 너무나 처참한 상황이었지만 그 누구도 우릴 도와주지 않았다. 나와 언니를 구원해주지 않은 그날 밤 나는 신이란 신은 전부 욕하면서 잠이 들었다. 너무 원망스러웠다. 그렇게 간절히 빌었는데 아무도 도와주지 않다니……. 우리에게 신은 없었다. 그날 밤, 머리카락이 가위에 잘려 나가듯 내게 남았던 희망마저 잘려 나갔다.

그때는 그 사건이 최악인 줄 알았다. 그러나 더 끔찍한 일이 우릴 기다릴 줄이야. 언니 방에서 엄마와 셋이 자고 있었다. 새벽에 시끄러운 소리에 깨어보니 방에는 나밖에 없었다. 나가 보니 옆방에서 아빠의 큰소리와 언니의 울음소리, 엄마가 말리는 소리가 들렸다. 아빠가 엄마에게 폭력을 휘두르는 장면이 눈에 들어왔다. 아빠는 엄마의 팔을 꺾었다. 저리 가라고 큰소리치며 엄마를 방 밖으로 밀어붙였다. 아빠가 엄마에게 폭력을 휘두른 건 그때가 처음이었다.

엄마한테까지 폭력을 휘두르다니……. 나는 너무 충격을 받아 옴짝달싹 못했다. 정말 무서웠고, 속에서 엄청난 화가 치솟았다. 죽이고 싶었다. 정말로 저 사람을 죽이고 싶었다. 그리고 나도 죽어버리고 싶었다.

나를 잡아먹는 기억들

언제나 그 끔찍한 기억들이 날 잡아먹는다. 난 큰소리가 너무 싫다. 호통 소리, 물건이 떨어지는 소리, 세게 노크하는 소리, 문이 벌컥 열리는 소리가 들리면 너무 무섭다. 그런 소리를 내는 사람은 이유 없이 그냥 원망스럽고 밉다. 진짜 별 거 아닌 소린데도 몸이 떨려오면 '내가 장애인인가?' 싶기도 하다. 내 정신에 무슨 이상이 있는 듯해서 괴로워한 적도 정말 많다.

이렇게 끔찍한 상황인데도 난 그게 내 상처인 줄 몰랐다. 우연치 않게 내 이야기를 들은 선생님이 끔찍하게 몸서리치시는 걸 보고야 나는 그 경험이 나에게 가해진 잔혹한 폭력이며, 엄청난 상처라는 걸 깨달았다. 몸이 떨리는 게 두려움이란 것도, 두근거리는 마음으로 잠을 자지 못하는 건 그 경험들로 인한 불안함이라는 것도 처음 알았다.

'가장 괴로운 기억이 무엇이냐?'는 질문을 받았을 때 다른 생각은 전혀 떠오르지 않고 이 사건들만 떠올랐고 나를 무섭게 짓눌렀다. 이 글을 쓰는 내내 내가 겪은 경험을 글로 옮길 뿐인데도 손이 사시나무 떨리 듯 떨린다. 써 놓은 글을 차마 읽기가 힘들다. 힘겹게 글을 읽는데 과거의 끔찍한 고통이 다시 닥쳐와서 몸이 부들부들 떨리고 눈물이 그칠 줄 모른다. 끔찍한 기억들, 모두 잊어버리고 싶은 기억들! 내 인생에서 도려내어 쓰레기통에 처박아버리고 싶은 기억들! 난 이 불안의 기억에서 벗어날 수 있을까? 이지영인

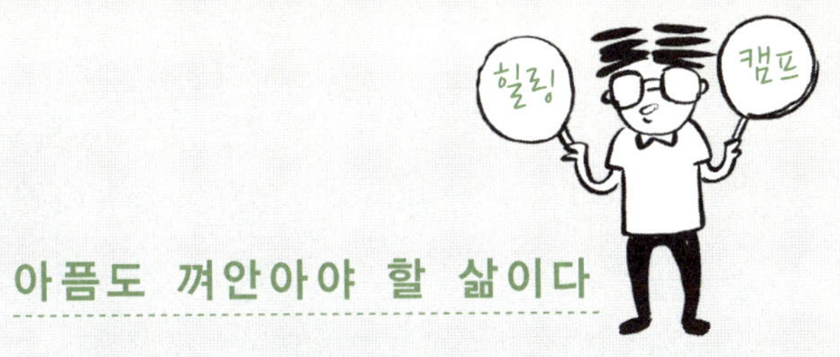

아픔도 껴안아야 할 삶이다

　지영이네는 결손 가정도 아니고, 매우 정상적이며 겉으로 보기엔 남들이 부러워할 만한 가족이었습니다. 겉은 건강했지만 속은 달랐습니다. 지영이는 아빠의 가정 폭력에 시달렸습니다. 오랜 기간, 아빠가 돌아오는 시간이면 지영이는 불안에 떨어야 했습니다. 폭력이 끝난 뒤에는 후유증에 시달렸습니다. 끔찍한 고통에 시달렸으면서도 지영이는 그게 아픔인지도 모른 채 살았습니다.

　『유진과 유진』(이금이)을 보면 어릴 때 성폭행을 당한 두 명의 유진이 나옵니다. 한 명은 과거의 아픔을 햇살에 드러내어 치유를 했지만, 한 명은 과거의 아픔을 기억조차 하지 못합니다. 그 부모는 비밀로 덮어버리면 상처까지도 덮어질 거라고 믿었지만, 현실은 달랐습니다. 과거의 아픔을 묻고 산 유진은 까닭 모를 불안에 시달립니다. 엄마와 관계도 원만하지 못합니다. 상처를 묻어버리고 살았던 유진은 자기 상처를 햇살에 드러낸 뒤에야 과거의 어두운 터널에서 빠져 나옵니다.

가정폭력, 자해, 자살, 가출, 왕따, 우울증, 학교 거부……, 정말 끔찍한 단어지만 우리나라엔 너무 흔합니다. 보통 사람조차 웬만한 사건에는 충격을 받지 않습니다. 지영이가 쓴 글을 읽는 느낌도 비슷할지 모르겠습니다. 그러나 끔찍한 사건을 인터넷이나 기사로 접할 때와 자기가 겪은 일을 자기 입으로 고백할 때는 완전히 다릅니다. 자기의 상처를 자발적으로 남에게 드러내기 위해서는 엄청난 용기가 필요합니다. 아직 성인이 되지 않은 10대 청소년이니 더욱 힘들지요.

지영이는 자신이 겪은 일이 엄청난 상처인 걸 최근에야 깨달았고, 분노에 치를 떨고, 목 놓아 울었습니다. 꾹꾹 눌러 두어서 자신조차 모른 체했던 아픔을 드러내기까지 지영이는 참으로 큰 용기를 내야 했습니다. 지영이는 글을 쓰는 내내 힘들어했지만 감추지 않았습니다. 정말 용감하게 자신의 상처를 드러냈습니다. 눈물을 흘리며 자기 글을 써내려갔습니다. 손끝에서 때론 애처로움이 묻어나고, 때론 후회가, 때론 분노가 밀려나왔습니다. 글을 읽을 때도 슬픔을 토해냈습니다. 과거의 악몽이 다시 떠올라 부들부들 떨었습니다. 그리고 이겨냈습니다. 아니 껴안았습니다. 상처받은 과거도 자기 삶의 일부임을 받아들였습니다. 과거의 아픔은 지워버려야 할 기억이 아니라, 나무의 옹이처럼 단단한 알맹이로 만들 때 앞으로 살아갈 힘이 됩니다.

겉으로 보기에 괜찮아 보인다고 정말 문제가 없는 게 아닙니다. 대다

수 10대들은 자신들이 아프다는 사실조차도 모릅니다. 지영이는 지독한 가정폭력으로 인한 후유증에 시달리면서도 자신이 가정폭력의 후유증에 시달린다는 사실조차 몰랐습니다. 그 경험이 자신의 내면에 깊은 어둠을 만들었는데도 자기 성격이 원래 이상하다고만 여겼습니다. 지영이뿐만이 아닙니다. 너무나 많은 10대들이 상처받는 줄도 모르며 지내고, 자기 내면에 어둠이 깊이 똬리를 튼 걸 모르고 삽니다. 그 상처와 어둠이 나중에 어떤 무서운 결과를 만들어낼까요? 저는 그 결과를 상상할 때마다 오싹합니다.

아픔은 드러내야 합니다. 스스로 드러내야 합니다. 상처는 드러내어 치유하면 단단한 옹이가 되어 더 튼튼하게 세상을 살아가는 힘을 줍니다. 감추면 평생 상처가 되어 두고두고 스스로를 괴롭힙니다. 자기 상처를 감싸며 스스로를 위로하고, 사랑해주어야 합니다. 힘들겠지만 그래야 합니다. 그래야 건강한 '나'로 살아갈 힘이 생깁니다.

나는 후회한다, 제대로 긋지 못한 것을!

나는 용기가 없었다. 내 상처를 드러내고 싶지도 않았다. 감추고 싶었다. 뒷감당할 자신이 없었다. 다른 친구들이 쓴 글을 읽은 뒤에야 용기를 냈다. 나와 비슷한 경험을 한 친구의 글이 내게 용기를 주었다. 그래 드러내자. 드러내 보자. 글을 쓰면서 계속 내게 다짐을 했다. 햇빛에 드러내야 상처가 아문다는 시우샘의 말을 수십 번 되새겼다.

엄마가 외출한 날이었다. 항상 같은 날 외출을 하기에 그날은 내가 동생에게 저녁을 챙겨줘야 했다. 내가 한 요리는 엉망진창이었다. 조미료를 잘못 썼는지 맛이 영 아니었다. 동생도 내 요리를 도저히 못 먹겠는지 엄마가 오면 먹겠다면서 젓가락을 놓아버렸다. 나는 속이 상해서 이불 속으로 들어갔다.

엄마가 돌아왔는데 기분이 몹시 안 좋은 듯 보였다. 분명 어디서 안 좋은 이야기를 들은 게 분명했다. 복잡한 가족 사정을 아는지라 나는 아무 말도 하지 않았다. 그때 동생이 엄마를 보자마자 칭얼거렸다.

“엄마 나 배고파. 누나가 엉망으로 요리했어.”

엄마는 화난 얼굴로 나를 노려봤다.

“너 애한테 제대로 음식은 해 먹인 거야? 매번 하는 건데 왜 그렇게 엉망이야!”

“한다고 했는데, 그게……”

“그러곤 뭐해 줬는데?”

“몸이 아파서 누워 있었어.”

“동생은 배고파 칭얼거리는데 누워 있었다고?”

그 순간 엄마의 분노가 폭발했다. 무자비한 주먹과 발길질이 나를 향했다. 맞지 않으려고 애를 쓰고 피하다가 넘어졌다. 그때였다. 눈에서 별이 보이더니 어두컴컴한 암흑이 내 시야를 차단했다. 기절한 것이다.

기억이 한동안 끊겼는데, 다시 기억이 되돌아오자 몸 곳곳을 두드리는 느낌이 났다. 엄마가 날 발로 찼나 보다.

“제발 그만 때려. 아파!”

난 힘겹게 저항했지만 엄마는 더 화가 났는지 나를 더 때렸다. 몇 대 더 맞고 나니 머리가 어질어질했다. 구역질이 났는데 먹은 것이 없어선지 샛노란 위액만 나왔다. 내가 헛구역질을 하자 발길질이 멈췄다. 동생은 학원에 가야 한다면서 나가버렸다. 엄마는 어지럽혀진 집을 치우라고 하더니 밖으로 나가버렸다.

나는 청소기를 돌리는 내내 헛구역질이 나왔다. 그때마다 화장실에서 토하려고 했지만 쓴 물만 나왔다. 힘들게 청소를 마치고 침대에 누웠다. 너무 아팠다. 손끝 하나 움직일 힘이 없었다. 얼마 뒤 동생이 내 방으로 슬그머니 들어왔다.

동생은 내가 살았는지 확인하려는 듯 손가락을 코 밑에 댔다. 난 동생의 손길이 느껴지자 일부러 호흡을 멈췄다. 살고 싶지 않았다. 이대로 죽고 싶었다. 동생은 화들짝 놀라더니 밖으로 뛰어 나갔고 잠시 뒤 엄마가 들어왔다. 들어오자마자 엄마는 발로 나를 툭 건드렸다. 너무 아파서 신음소리가 나도 모르게 흘러 나왔다. 엄마는 내가 살아 있다는 걸 확인하자 나를 내버려두고 내 방에서 나가버렸다.

그 다음날 집에서 혼자 공부를 하는데 너무 서글펐다. 살기 싫었다. 옆에 연필을 깎던 칼이 보였다. 나는 한 치의 망설임도 없이 연필 칼로 손목을 그어버렸다. 하지만 칼이 너무 낡아서인지 아니면 내 힘이 부족했는지 깊게 파이지는 않았다. 칼은 조각 난 채로 부서져버렸고, 손목에선 하릴없이 피만 흘렀다.

나는 피나는 내 손목을 멍하니 보다가 방에서 나와 지혈할 것을 찾았다. 거실에는 아무도 없었다. 피는 계속 흘러나왔지만 죽을 것 같지는 않았다. 지혈을 하는데 속에서 또 헛구역질이 올라왔다. 화장실로 가서 시원하게 토하고 싶었지만 쓴 물만 나올 뿐이었다.

너무 싫었다. 그 누구에게도 하소연할 수 없었기에 몸서리치게 끔찍했다. 난 토하지도 못하고 그저 우는 것밖에 할 게 없었다. 난 피 흘린 흔적을 깨끗이 없앴다. 잠시 뒤 엄마와 동생이 돌아왔다. 엄마는 내게 아무런 말을 하지 않았다. 나도 내 방에 그저 가만히 있었다.

　방안에 홀로 앉아 있으면서 부러진 연필 칼을 노려보았다. 너 때문이야. 너 때문에 내 손목이 제대로 그어지지 않았어. 난 엉뚱하게 연필 칼을 원망했다. 제대로 된 칼만 있었어도 내 삶을 끝장낼 수 있었는데. 나는 그때 정말 후회스러웠다. 제대로 긋지 못한 것을!

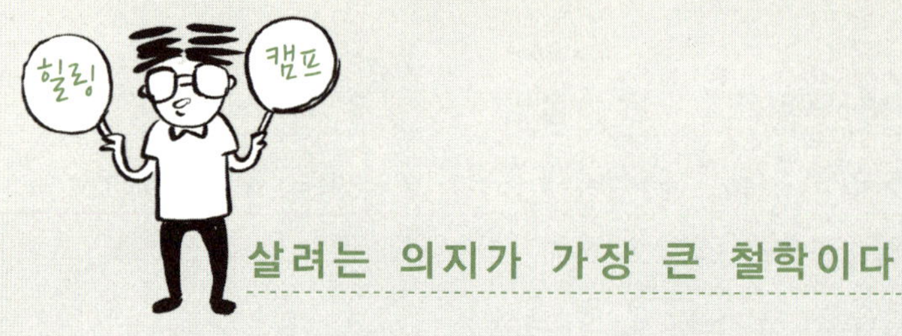

살려는 의지가 가장 큰 철학이다

부모는 생명의 뿌리입니다. 부모로부터 내 생명이 왔습니다. 내 뿌리인 부모가, 내 삶의 근원인 부모가 나를 부정하면 어떨까요? 너는 쓸모없고, 너는 가치 없는 존재라고 대놓고 말하진 않더라도, 그런 생각이 들게끔 취급하면 어떨까요?

『옥상의 민들레꽃』(박완서)을 보면 어린 주인공이 바로 그런 생각에 휩싸입니다. 엄마가 자신을 가치 없는 존재로 여기고, 사라져 버리길 바란다고 여긴 한 어린 주인공은 옥상으로 올라가 삶을 끝내려 합니다. 다행히 어린 주인공은 마지막 순간에 살아가야 할 이유를 발견하고, 죽음을 택하지는 않습니다. 어린 주인공은 삶을 포기하지 않았지만 할머니 두 분은 연달아 자살을 합니다. 고급 아파트에 살며 남 부러워할 것 없어 보이는 분들이었기에 아파트 주민들은 왜 그 두 할머니가 죽음을 택했는지 이유를 알지 못합니다. 오직 어린 주인공만이 할머니들이 죽음을 택한 이유를 압니다. 자기도 마찬가지였기 때문이죠. 누군가 자신을 쓸모없다고 여기고, 존재 자체가 귀찮다고 여긴다는 걸 알면, 살고 싶지 않게 된다는 걸 알지요. 특히 자신을 쓸모없다고 여기는 존재가 자신에게 가장 소중한 가족일 경우 살기 싫은 마음이 들지 않으면 이상하죠.

현주가 그랬습니다. 자기 존재의 뿌리인 엄마가 현주를 쓸모없는 인간으로 취급했습니다. 가치 없이 대했습니다. 무자비한 폭력을 휘둘렀습니다. 현주는 반항할 힘도 없고, 가출할 용기도 없었습니다. 칼이 보였고, 삶을 끝장내고 싶은 마음에 손목을 그었습니다. 옥상에 올라간 그 아이처럼, 아파트에서 뛰어내린 그 할머니들처럼 현주는 죽고 싶었습니다. 그랬기에 제대로 긋지 못한 걸 후회하고, 자기 삶을 끝장내주지 못한 낡은 칼을 원망했습니다.

『옥상의 민들레꽃』의 어린 주인공은 옥상에 핀 민들레에서 살아가야 할 희망을 발견합니다. 저 작은 꽃도 콘크리트 귀퉁이에 쌓인 작은 흙에 의지해 살아가는데, 언제 끝날지 모르는 위태로운 환경이지만 꿋꿋하게 살아가는데, 이 정도에 삶을 포기하려는 자신이 한없이 부끄러웠습니다. 죽음을 택한 할머니들에게 필요한 건 돈도, 추억도 아니고 오직 작은 민들레꽃이 주는 삶을 향한 강한 의지였다는 걸 어린 주인공은 세상에 알리고 싶었습니다.

세상엔 온갖 철학이 넘쳐납니다. 온갖 멋진 말들이 많지요. 그러나 살려는 의지보다 더 큰 철학은 없습니다. 생명은 살아가려는 의지를 품었기에 생명입니다. 다행히 지금 현주는 살아가려는 의지를 다시 채웠습니다. 삶에서 기쁨을 발견했고, 자기 삶을 행복으로 채우려고 합니다.

저는 현주 이야기를 들으며 현주 엄마가 현주를 때린 이유가 궁금했습니다. 잘못을 나무라거나 감정이 격해 손찌검을 하는 거야 이해를 하지만, 그 수준을 넘어서는 무자비한 폭력을 휘두른 이유가 무엇이었을까요? 한두 번도 아니고, 왜 여러 번 반복해서 심한 폭력을 가했을까요?

흔히 자식의 문제는 부모가 원인이라고 합니다. 자식의 잘못을 나무라지만 진짜 원인은 부모한테 있다는 말이죠. "요즘 애들 정말 문제야." 하는 말은 달리 말하면 "요즘 부모들 정말 문제야." 하는 지적입니다. 자식을 함부로 대하는 부모들이 새겨들어야 할 말입니다. 한편으론 부모들도 어쩔 수 없다는 생각이 듭니다. 부모 노릇을 제대로 배우지 못했고, 살아오는 동안 온갖 상처를 주위 사람들로부터 받았기 때문이죠.

그래서 부모들의 상처, 부모들의 과거를 들여다 볼 필요가 있다는 생각이 들었습니다. 10대의 상처를 치유하기 위해선, 부모의 상처를 들여다보는 작업도 함께 해야 합니다. 자녀에게 불만이라면 자녀들만 닦달하지 말고, 부모 자신의 상처와 아픔이 무엇인지 살펴야 합니다. 자식들도 부모를 원망하지만 말고 부모의 아픔을 들여다봐야 합니다. 그래야만 자식도, 부모도 상처주고 상처받는 악순환의 고리에서 벗어납니다. (그래서 3장에서 이를 다뤘습니다.)

외로워~ 나 좀 사랑해줘

내 안에 있는 누군가가 내 귀와 심장을 간질인다. 그녀의 한 마디, 한 마디가 비수로 날아와 내 자신을 찌른다. 아프다. 고통스럽다. 나도 따라 소리친다.

"외로워, 누가 나 좀 돌봐줘. 나 좀 사랑해줘."

하지만, 아무도 들어주지 않는다. 겉으로 드러난 내 얼굴은 계속 웃고 있으니까. 외로워도 슬퍼도 심지어 화를 내고 싶어도 마냥 웃는 '피에로'니까. 피에로는 얼굴에 웃는 모습을 그려 진실한 표정을 알 수 없다. 피에로가 화가 났는지, 슬픈지 아무도 알 수 없게 자신의 감정을 꽁꽁 싸매고 혼자 감추려 한다. 나는 피에로다.

피에로들 사이에 사는 외로움

'외국인 학교'라는 간판을 좇아 들어갔다. 주변은 내가 상상도 못하는 부자들이었다. 그들의 실력을 따라가기에 나의 실력은 한없이 부족했다. 내 머리와 감정이 썩어들어 갔다. 주위에 온통 피에로들뿐이었다.

한 피에로가 나에게 다가온다.

"지인아, 우리랑 같이 쇼핑하러 안 갈래? 이번 콜렉션(collection) 진짜 싸고 예쁘던데."

싸다고? 나에게 싼 것이란 시내에서 대량 판매하는 그런 옷들이야. 너희들이 말하는 싼 물건이 사실 나에게는 넘볼 수도 없는 비싼 물건이야. 솔직히 말하고 싶었지만 그러지 못했다.

"아니, 너희들만 가, 나 학교 숙제 아직 못했거든."

숙제는 끝낸 지 오래였다. 주위의 피에로들이 어떻게 받아들일지 몰라 난 애써 내 상황을 숨겼다. 가면을 쓴 생활, 나를 드러내지 못하고, 그럴싸한 얼굴로만 살아야 하는 학교가 내겐 지옥이었다.

내 유일한 탈출구는 담배였다. 나는 조용히 학교 뒷골목으로 간다. 주머니에 있던 담배를 꺼낸다. 불을 붙이고 한 모금 머금으면, 내 감정들이 폐 안까지 들어가는 느낌이다. 그리고 재빨리 내뱉는다. 그것도 아주 크게, 오늘 하루 느꼈던 슬픔, 외로움, 화를 다 날리기 위해. 하지만 이걸로도 모자란다. 사랑 받고, 관심 받고 싶다. 외롭다. 지겹다. 힘들다. 진실한 친구를 사귀고 싶다.

그러나 간절한 마음을 채워줄 친구는 한 명도 없었다. 내 주위에는 온통 분장으로 덕지덕지 표정을 감춘 피에로들뿐이다. 공허한 마음으로 담배를 짓밟는다. 억울함이 복받쳐 오르지만 꾹 참아본다. 그저 하늘만을 바라보며 외로움이 사라지는 그날까지 꾹 참는다.

'지이이잉'

주머니에서 진동이 느껴진다. 보나마나 분명히 또 다른 피에로다. 지겹다. 학교가 끝나면 같이 놀자는 둥, 쇼핑을 가자는 둥, 피에로들은 열심히 전화를 한다. 하지만 나는 너희들과 어울릴만한 아이가 아니야. 나를 그냥 내버려둬. 피에로들의 관심은 받고 싶지 않아. 왜 나를 이리도 못살게 하는지 하늘이 야속하기만 하다. 하루하루, 나의 외로운 생활은 끝이 없다.

붉은 물감은 내 갈증을 덜어줄까?

어느 날, 캄캄한 공간, 조그마한 구석에 쭈그려 앉아 무표정하게 칼만 뚫어지게 바라보았다. 차라리 칼에 베이는 게 덜 아프겠지? 마음이 다치는 것보다 몸이 다치는 게 차라리 낫지 않을까? 칼날이 천천히 나의 팔에 가까이 다가온다. 부들거리는 손, 떨리는 칼끝이 팔꿈치 쪽의 살을 '슥' 하고 긋는다. 툭, 투둑, 빨갛고 부드러우면서 빛나는 가루가 떨어진다. 가루가 뭉쳐지나 싶더니 이내 액체로 흐른다. 예쁘다. 더 느끼고 싶다. 손의 움직임에 따라 칼이 마치 춤을 추는 듯 나의 팔을 스친다. 툭,

투두둑, 더욱 거세지는 빨간 빛줄기. 책상을 적시고, 내 옷을 적신다. 붉은 물감이 내 주위를 물들인다. 내 몸에서 나온 붉은 물감이 내 외로움의 갈증을 채워줄까?

부족하다. 채워지지 않는다. 예쁘게만 느껴졌던 나의 빨간 액체는 멈추질 않지만 허한 내 마음을 채우기엔 턱없이 부족하다. 갈증만 심해진다. 하루, 이틀, 내 마음의 갈증을 채우기 위해 내 몸을 후비는 칼로 인해 나는 죽어간다고 느낀다.

내 속에 그녀가 외친다.

"나를 생각해줘, 나 좀 사랑해줘."

"그러지 마, 난 행복해야 해. 내 표정은 웃고 있잖아? 난 행복한 거야."

"그건 거짓말이잖아. 외롭잖아. 널 사랑해줘. 제발 아껴줘."

나도 안다. 외국인 학교라는 멋진 간판, 항상 웃는 얼굴 뒤로 감춰진 내 진짜 모습을 나는 안다. 다른 사람은 아무도 모른다. 외롭다고, 사랑받고 싶다고, 진짜 나는 전혀 다른 사람이라고 외치고 싶었지만 그럴 용기는 없었다. 받아들여지지도 않을 것이기에.

빛으로 나가기 싫어

손목을 긋는 것만으로 내 갈증은 채워지지 않았다. 그래서 난 약을 먹기로 했다. 이 지긋지긋한 삶을 완전히 끝장내기 위해! 집안에 있는 약이란 약을 다 챙겨 목구멍에 겨우겨우 쑤셔 넣는다. '꿀꺽' 하는 소리가 들리며 나의 의식은 천천히 사라져 간다. 새까만 공간에 나만 쓸쓸히 남겨져 있다. 하지만 저 멀리 빛이 보인다. 빛 안에서 나를 부르는 소리가 들린다.

"피에로야!"

빛이 천천히 나에게로 가까이 다가온다. 죽고 싶어요. 이 어둠에 머물고 싶어요. 그쪽으로 가기 싫어요. 난 이 어둠 속에서 혼자 조용히 살래요. 나의 발악은 무미건조한 바람과 같이 흘러가고, 빛이 나를 감싼다.

삐― 삐― 거리는 기계가 내 옆에서 울린다. 병원이다. 사람을 살리기 위한 병원이다. 이 병원은 내 목숨은 살렸지만 나를 살리지는 못했다. 엄마의 모습이 보인다. 눈물을 흘리며 나를 보고 계시는 엄마. 미안해 엄마, 너무 힘들어. 학교에서 피에로의 가면을 대하며 살기가 너무 괴로워. 피에로로 사는 삶이 죽는 것보다 힘들어.

"무슨 일이 있었던 거니? 왜 이렇게 많은 양의 약을 한꺼번에 먹었어?"

엄마가 묻는다.

사실대로 말해야 할까? 아니다. 그래 봐야 소용없다. 난 피에로여야 한다.

"몸이 안 좋아서 이것저것 먹었는데……."

일부러 말끝을 흐린다. 거짓을 감추기 위해서.

“그래, 그렇게 믿을게. 앞으로는 그러지 마. 정말 위험해. 두 번 다시 하지 마.”

물론이야, 엄마. 실패한 방법을 다시 쓰지는 않아. 이제 다른 것을 시도할 거야.

내 목을 꼭 안아줘

시간이 어느 정도 흘렀다. 피에로들의 가식은 더욱 더 나를 조여 온다. 피에로로 사는 삶은 더 힘겹다. 외로움은 날 집어 삼킨 지 오래다.

‘우울해, 왜 나는 혼자야?’

그러게. 왜 나는 혼자일까? 왜 혼자지? 혼자, 혼자가 좋아. 혼자가 좋다고, 다가오지 마. 다가오지 마. 아니……다가와 줘. 날 안아줘. 날 사랑해줘. 밧줄이 나에게 뱀처럼 미끄러지듯 다가온다. 나에게 말을 건다.

“안아줄까?”

밧줄이 내게 말을 건다.

“응, 안아줘. 내 숨이 끊어질 만큼 나를 꼭 안아줘.”

나는 귀신에 홀린 듯, 의자 위로 올라가 동그랗게 원을 그린 밧줄에 안긴다. 의자가 옆으로 툭 하니 쓰러지고 숨통이 천천히 조여 온다. 안겼다. 이젠 외롭지 않아. 의식이 없어진다. 초록색, 노란색으로 내 방안이 흔들흔들. 내 몸도 흔들흔들. 하지만 밧줄은 내 외로움을 완전히 빼앗을 만큼 강하지 못했다. 밧줄이 툭 끊어져 날 바닥에 떨어뜨린다. 짜증

난다. 이 놈의 생명, 참 질기기도 하다. 바닥에 한동안 앉아 흐느꼈다.

하늘, 나무, 무서움, 그리고…….

이렇게 외로운데 왜 나는 죽지도 못하는 걸까? 나도 죽고 싶은 데……. 하늘이 괘씸하다. 이렇게 죽어버리고 싶은 나를 계속 살려주다니. 하늘…… 하늘……하늘? 그래, 하늘에 안기자. 6층에서 뛰어내리면……, 아니 6층에서 날자! 이게 나의 마지막 시도다. 난간에 서서 아래를 본다. 아찔함. 그래도 하늘을 보니 빨리 가서 안기고 싶다. 저 높고 푸른 하늘에게 안기고 싶다. 한발, 공중에 내딛는 순간 나의 몸이 기우뚱하더니 중심을 잃고 떨어진다. 아래로 빠르게 낙하를 한다.

무섭다.

내가 느낀 감정은 오직 하나, 무서움이었다. 죽음이 무섭다. 이런, 이번에는 나무가 나를 받아준다. 하늘이 나를 안은 게 아닌 나무가 나를 조심스럽게 안는다. 포근하다. 따뜻하다. 포근하고 따뜻한데 조금 아프다. 다리와 팔에서 피가 난다.

죽음이 무섭다. 외로움보다 무서움이 강렬하게 자리 잡았다. 외로움이 죽음의 두려움에 자리를 내주었다. 그래, 살자! 살자! 살자! 무슨 일이 있더라도 살아보자. 외로움을 느끼지 말자. 나무가 나를 안아줬잖아. 이 정도로 나를 생각해주는 '것'이 있어. 살자. 꼭 살자!

피에로에서 지인이로

피에로야…….

아니 지인아!

살자. 그래 꼭 살자.

드디어 내 안에 있던 그녀를 내가 안아준다.

"외로웠지, 많이 외로웠지? 미안해. 내가 너무 미안해. 너에게 너무 나쁜 일만 했어. 잘못했어. 용서해주겠니?"

"응. 용서할게. 그리고 사랑해, 지인아."

내 안에 있는 그녀가 나에게 답한다. 그녀가 나를 용서한다. 용서를 받은 나는 행복함에 눈물을 멈출 수 없다. 나무에서 천천히 내려와, 나를 감싸준다. 그때가 내가 내 자신을 다독이던 첫날이었다.

내 안에 있는 무언가가 반쯤은 채워진 기분이었다. 그 행복감에 나는 당황했지만, 그 당황은 머지않아 기쁨으로 바뀌었다. 남에게 의지하지 않고 내가 날 사랑하고 아껴주면 된다는 사실을 죽음을 눈앞에 두고서야 찾아냈다. 내 자신이 대견스럽다. 자랑스럽다. 왜 전부터 내 자신을 내가 사랑하지 않았던 걸까? 내가 나를 사랑했으면 지금까지 겪은 고통스러운 일들은 없었을 텐데…….

"외롭다. 사랑해줘, 나를 감싸줘"

하며 내 안에 그녀가 또 한 번 외친다면, 이제는 내가 내 안에 있는 그녀를 다독일 것이다. 비록 그 과정이 힘들고 내가 감당하기에 힘겨울지라도 괜찮다. 그렇게 수많은 방법으로 죽으려고 했지만 나는 아직 살아 숨 쉰다. 난 지금 산다. 살아 있다는 사실만으로도 난 감사하고 기쁘다. 생은 기쁘고, 죽음은 두렵다. 삶은 죽음보다는 훨씬 낫다.

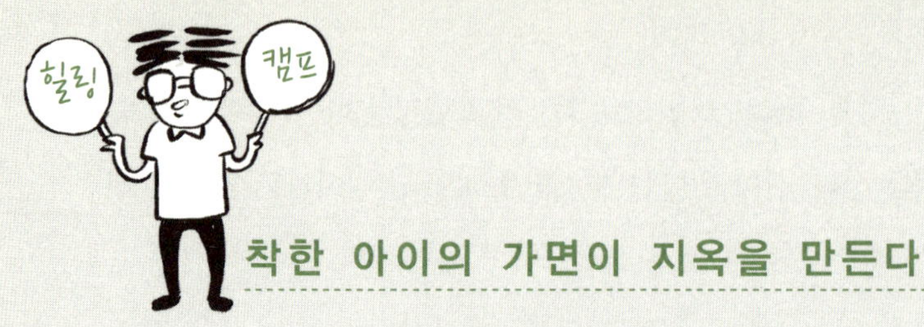

착한 아이의 가면이 지옥을 만든다

지인이는 외국인 학교에 다녔습니다. 남들은 다 부러워했고, 부모님도 자랑스러워했습니다. 정작 지인이 자신은 겉만 번지르르한 간판, 어울릴 수 없는 친구들, 가면을 쓰고 살아가야 하는 삶이 괴롭고 힘들었습니다. 진짜 지인이는 외국인 학교라는 간판과는 전혀 달랐습니다. 음악을 좋아했고, 춤을 즐겼으며, 자유분방했습니다. 간판이 요구하는 삶은 달랐습니다. 하루 이틀도 아니고 일 년 열두 달 내내 진짜 자기와 다르게 사는 건 지옥이었습니다. 담배를 입에 무는 걸로 탈출을 시도했지만 지옥은 끝나지 않았습니다. 마음의 고통을 이겨내지 못하고 몸을 괴롭히는 쪽으로 돌아섭니다. 그래서 자해를 택했습니다. 손목을 긋는 순간, 그 잠깐은 신체의 고통이 마음의 고통을 잊게 만들기 때문입니다.

『컷』(패트리샤 매코믹)에서 캘리도 손목을 긋습니다. 마음의 고통을 잊기 위해섭니다. 죽기 위해서는 아닙니다. 손목을 그으면 몸의 고통이 마음의 고통을 압도하게 되고, 그 순간만은 마음의 고통에서 벗어납니다. 캘리가 어느 날 상담 선생님에게 자신이 몰래 감추고 있던 자해용 도구를 돌려줍니다. 그때 선생님이 말하죠. 널 해칠 수 있는 건 너무도 많아, 널 안전하게 지켜 줄 건 너 자신뿐이야. 캘리는 나중에 마음의 고통을 이겨내는 힘을 기르고, 자기 자신을 안전하게 지키는 힘을 갖춘 뒤에야 자해에서 벗어납니다.

지인이는 자해에서 멈추지 않았습니다. 횟수를 거듭할수록 느낌이 약해져 갔기 때문입니다. 손목을 그어도 마음의 고통을 덮을 수 없었습니다. 약을 먹었습니다. 삶을 끝장내고 싶었습니다. 죽으려고 약을 먹었지만 야속하게도 살아났습니다. 더 확실한 방법을 찾았습니다. 목에 밧줄을 걸었습니다. 실패했습니다. 마지막 선택은 아파트 베란다였습니다. '저기서 뛰어내리면 완전히 끝나겠구나! 마음의 고통에서 완전히 벗어나겠구나!' 생각하며 뛰어내렸습니다.

수많은 10대들이 가면을 쓰고 살아갑니다.『착한 아이로 키우지 마라』(가토 다이조)를 보면 어른들이 흔히 좋아하는 착한 아이가 얼마나 끔찍한 비극 속에서 사는지 알게 됩니다. 진짜 자신을 감추고, 주위의 기대대로만 행동하려는 아이는 자신을 완전히 잃어버립니다. 세상은 내가 살아가는데, 나를 잃고 산다면 얼마나 끔찍할까요? 지인이는 피에로처럼 늘 가면을 쓰고 살아야 했습니다. 착한 척, 좋은 척, 즐거운 척 살았습니다. 슬퍼도 행복해야 했고, 짜증나도 미소를 지어야 했습니다. 그런 삶은 완벽한 지옥입니다. 고통스러운데 미소를 지어야 하고, 슬픈데 행복해야 하며, 행복한데 기쁜 척 해야 한다면 누가 그 고통을 견뎌낼 수 있을까요?

10대 아이들은 워낙 오랜 기간 가면을 쓰고 살아서인지 진짜 자기와 가면 쓴 자신을 잘 구분하지도 못합니다. 진짜 자신이 좋아하는 게 뭔지도 잘 모르는 청소년들이 많은데, 거의 대부분 가면을 너무 오래 쓰고 산 결과입니다. 누군가 원하는 대로만 사는 삶은 비극입니다. 길지도 않은 삶, 누군가 원하는 대로만 살아선 안 됩니다. 자기로 살기도 짧은 삶을 가면을 쓴 채로 살라고 강요해선 안 됩니다. 가면을 쓰고 살라는 강요는 진짜 나쁜 짓입니다.

지인이는 정말 죽고자 했습니다. 가면이 주는 고통이 정말 끔찍했으니까요. 그래서 뛰어내렸습니다.

'이제 죽는구나! 정말 죽는구나!'

죽음으로 곤두박질치는 찰나에 지인이는 죽음이 주는 두려움에 몸서리칩니다. 나무에 걸려 살아남은 지인이는 나무에게 고마움을 느끼고, 삶이 죽음보다 아름답다는 것을 깨달았습니다. 그 순간 처음으로 자신을 돌봅니다.

누군가 날 사랑하지 않는다고, 누군가 날 인정하지 않는다고 원망해봐야 아무 소용이 없습니다. 원망은 고통을 낳을 뿐입니다. 사랑이 외부에서 오지 않는다면 내 스스로라도 날 챙겨야 합니다. 날 아끼고 사랑해야 합니다. 남들이 원하는 대로, 가면을 쓰고 살아가는 삶은 날 아끼는 태도가 아닙니다. 날 아낀다면, 날 사랑한다면, 내가 진실로 원하는 삶, 내

본성에 맞는 삶을 살아야 합니다. 부모의 요구, 사회의 틀 따위는 중요하지 않습니다. 죽음에 직면하는 순간, 그런 건 다 부질 없습니다. '한스 팔라다'의 소설 제목처럼 사람은 누구나 홀로 죽기 때문이죠.

지인이는 죽음에 직면했고, 삶이 얼마나 소중한지, 죽음이 얼마나 무서운지 깨달았습니다. 생채기를 입었지만 거친 나무 가지에서 푸근함을 느꼈습니다. 죽음과 맞닥뜨린 뒤에야 지인이는 자신을 아끼는 법을 배웠습니다. 그 뒤로도 많은 시행착오를 겪었지만, 지금은 거짓의 가면을 벗고 진실한 자신으로 살아가기 위해 애쓰는 중입니다. 자신을 사랑하며 삽니다.

'정상'이 되고 싶었던 '비정상'

주변을 둘러보았다. 나는 내 머리보다 내 가슴이 가리키는 방향을 바라보았다. 그것은 본능이라 부를 만한 감각이었다. 내방, 내 좁았던 마음의 크기 정도가 되는 그곳에서 두세 시간 전부터 숨죽여 기다렸다. 심장은 갈수록 빨리 뛰었지만 시간은 갈수록 천천히 가는 듯했다. 매미 소리가 잦아들 무렵, 나는 무더운 여름밤을 피하기 위해 열어둔 문 사이로 들리는 아빠의 코고는 소리를 들었다. 이제 결심을 실행할 때다.

양말을 조심스럽게 신고 준비해두었던 가방을 등에 메고 천천히 방을 나왔다. 그믐밤이서 그런지 거실은 어두웠다. 아파트 창문 밖에서 들어오는 가로등 불빛이 주변을 식별하게 해주었다. 아빠의 지갑이 놓인 책상이 눈에 들어왔다. 나는 아주 잠깐 고민하다가 지갑에 다가갔다.

한 달 전 3일 동안 가출하고, 다시 집에 돌아왔을 때 나를 기다리는 것은 갖은 욕과 주먹, 발길질이었다. 엄마의 울음소리와 아빠의 고성은 넓지 않은 우리 집에 쩌렁쩌렁 울렸고, 나는 초점을 잃은 눈을 어디에 두어야 할지를 몰라 아빠의 주먹과 발에 마구잡이로 휘둘렸다. 울다가, 자다가, 울다가, 맞다가 하며 학교도 가는 둥 마는 둥 했다. 그리고 다시 가출을 결심한 것이다. 이번엔 더 치밀하게 가출하리라 결심하며.

책상 위에 있는 아빠 지갑을 열었다. 돈이 별로 많지 않았다. "이건 너무 적어." 나도 모르게 중얼거렸다. 내가 받은 고통에 비해 지갑에 든 돈은 너무 적었다. 지갑 옆에 아빠의 사무실 열쇠가 눈길에 잡혔다. 열쇠를 쥐었다. 문자가 왔는지 깜빡이는 엄마의 휴대 전화가 보였다. 휴대 전화도 집어들었다. 어딘가 쓸 곳이 있겠지. 준비는 끝났다.

현관문 손잡이를 잡았다. 문 열리는 소리가 걱정되었다. 옆에 있던 수건으로 소리를 죽였다. 이 문이 열리면 나는 자유다. 나는 누구의 간섭도 받기 싫다. 사소한 행동 하나까지 미치는 간섭은 내겐 증오의 대상이다. 이 문만 열면 간섭을 사라진다. 힘들겠지만 이 문을 열어야 난 숨을 쉬고 산다. 이게 내가 죽지 않고 살 수 있는 유일한 탈출구다.

생생하게 깨어난 감각

문이 조용히 열렸다. 열린 현관문 손잡이를 잡고 집안을 둘러보았다.

내 시선은 동생 방, 엄마, 아빠의 방을 무심히 스쳐 지나갔다. 내 시선은 거실 귀퉁이에 어색하게 자리 잡은 강아지 집에 머물렀다. 어제 엄마가 데려온 강아지, '사랑이'의 집이다. 피식 웃음이 나왔다. 어제 엄마는 저 개를 나와 함께 보러 갔다. 집에 이 강아지를 데려오면 사랑이 넘치게 될 거라며 '사랑이'라고 이름을 붙였다. 그러나 사랑이가 우리 집에 같이 산다고 해서 이 집에 사랑이 생겨날까? 환상일 뿐인 기대다. 나에게 사랑이란, 아니 우리 가족에게 사랑이라는 단어는 동화 속 공주님과 왕자님의 사랑처럼 한없이 가식적이고 이룰 수 없는 판타지일 뿐이다.

조심스레 집을 나와 계단을 내려갔다. 집 밖의 아스팔트에 올라서자 딴 세상에 선 기분이었다. 멀리서 간간히 들려오는 차 소리와 매미 소리, 드문드문 자리 잡은 가로등의 불빛, 코를 자극하는 바다 내음, 하수구에서 올라오는 구역질나는 냄새까지 내 감각은 생생하게 깨어났다. 집에서는 모든 감각이 오로지 두려움의 대상인 엄마와 아빠한테 맞춰져 있었다. 집에서 내 감각은 죽어 있었지만, 집 밖에 나서자마자 완벽하게 깨어났다. 나의 감정과 나의 감각이 자유를 만끽했다.

'아, 내가 살아 있구나! 난 살아 있어!'

솔직히 이대로 가출을 하면 뒷감당이 두렵긴 했다. 그러나 이 생생한 감각을 다시 무덤 속으로 보내 버리기는 싫다. 난 죽고 싶지 않았다. 아니, 내 감각을 죽이며 살아갈 자신이 더 이상 없었다.

나는 아빠의 사무실로 발을 옮겼다. 반지하도 아니고 1층도 아닌 사무실이어서 빛 하나 들어오지 않고 바람 한 점 없다. 눅눅하고 어둠침침

한 아빠의 사무실, 나는 기억을 더듬어 사무실 문을 찾았다. 열쇠로 문을 열고 들어가 형광등을 켰다. 담배 냄새가 코를 찔렀다. 나는 망설이지 않고 금고로 향했다. 손에 들린 열쇠꾸러미에서 금고 열쇠는 확연히 눈에 띄었다. 열쇠를 꽂았다. 금고가 열리고 돈이 보였다. 떨리는 손으로 돈 한 다발을 손에 쥐었다. 백만 원은 되는 듯싶었다. 나는 떨리는 가슴을 진정시키며 사무실 문을 닫고 밖으로 뛰어나왔다. 그리고 무조건 아스팔트 거리를 뛰었다. 내 귀에서 웅웅거리며 지나가는 바람이 나의 자유를 축하해주었다. 근처 아파트 단지에 이르렀을 때에야 무언가 허전함을 느꼈다. 멈춰서 하늘을 바라보다가 숨을 돌리고 아파트 옥상으로 올라갔다. 예전에도 이 아파트 옥상에 올라온 적이 있다. 난 그때 아파트 옥상에서 뛰어내릴지 말지를 두고 한참 고민했다.

난 그날 아빠에 대한 증오에 사로잡혀 아빠가 이뤄놓았던 모든 걸 모조리 불태워버리기 위해 가스 밸브를 켜놓고 집을 나왔다. 아빠가 무심코 담배를 피우기 위해 불을 붙이는 순간 내가 증오하는 모든 것을 태워버리려는 의도였다. 아빠를 해치려 한 못된 놈, 더 이상 견디기 어려운 세상, 그래서 죽고 싶었다. 더 이상 견디기 힘들었기에 수십 미터 아래 콘크리트 바닥의 유혹은 매혹적이었다.

용기가 부족했는지, 진심으로 원한 건 죽음이 아니어서인지 모르겠지만 난 아파트 난간을 뛰어넘지 않았다. 그리고 집으로 돌아갔다. 내가 가스 밸브를 열어 놓고 나온 집으로 다시 돌아갔다. 다행인지 불행인지 모르겠지만 내 시도는 실패로 끝나 있었다. '펑' 하는 소리가 나기는 했는데 별다른 일은 없었다고 했다. 내가 집에 돌아가자 앞뒤 상황을 파악한 아빠는 극도로 분노했고, 나는 끔찍하게 맞았다.

난 한 손에 돈 뭉치를 움켜 쥔 채 쓰디 쓴 침을 삼키며 난간에 서서 자살을 고민하던 그 순간을 한참 동안 떠올렸다. 더 이상 자살하고픈 마음은 일어나지 않았다. 영화에서 흔히 보던 대로 돈을 내 코에 가져다 대어 돈의 공기로 숨을 쉬어 보았다. 행복한 냄새가 나는 듯했다. 하지만 잃어버릴까 두렵기도 했다. 돈을 집은 손을 조심스럽게 바지 속 팬티 깊숙이 찔러 넣었다. 마치 기저귀를 찬 듯했지만 오히려 마음이 놓였다.

PC방, 패스트푸드, 그리고 노숙

얼마 지나지 않아 날이 밝았고, 난 서둘러 대충 아무거나 먹고 PC방으로 직행했다. 한참 게임을 하는데 배가 아팠다. 급하게 화장실로 가 배를 움켜쥐었다. '푸디딕'하는 소리와 역겨운 냄새가 내 썩은 속마음을 다 쏟아내는 듯해 시원하기도 했다. 팬티 속의 돈을 가방으로 옮긴 뒤에 꺼져 있던 휴대 전화를 켰다. 손으로 살짝 밀어 올리니 찰칵하는 가벼운 소리가 나며 휴대 전화가 열렸다. 로딩 화면이 뜬 뒤, 잠시 기다리자 엄마의 사업성 문자와 전화가 몇 통 와 있었다. 엄마가 나한테 관심이 없구나 싶어 괜히 서글펐지만 별로 신경 쓰진 않았다. 이제 나와 아무 상관없는 일일 뿐이다.

화장실에서 나와 자리에 앉으니 푹신한 의자의 감촉이 기분을 좋게 했다. 학교와 부모의 그늘에서 벗어나 내 자신을 이 PC방으로 이끌어준 발에게 감사했다. 손을 열심히 놀렸다. 몇 시간이 지났는지 스피커에서 청소년은 출입이 안 된다는 기계음이 흘러 나왔고, 조금 뒤 나는 아르바이트하는 형에게 쫓겨났다.

PC방 현관에서 한동안 서성였다. 어디로 가야할지 고민스러웠다. 돈은 많았지만 그 돈을 어떻게 써야 할지 알 수가 없었다. 어린 애가 큰돈을 쓰면 주변 사람이 내가 가출한지 알고 어떻게 해버릴까 봐 두려웠다. 평소에 좋아하던 친구인 김현진으로 이름을 바꿀까, 도둑질을 하고 다닐까, 칼을 사서 강도짓을 해볼까, 이런저런 쓸데없는 몽상을 하며 한참 동안 PC방 근처를 돌아다녔다.

일단 움직이기로 결심하고, 편의점에 들어가 삼각 김밥과 컵라면으로 허기를 때웠다. 시간은 흘러 새벽이 되자 쌀쌀해졌다. 챙겨온 옷이 민소매 옷이랑 반팔, 반바지뿐이었던 나는 서늘해진 새벽 날씨에 자기 적당한 곳을 찾다가 근처 아파트 지하 주차장을 발견했다. 공장 냄새가 나긴 했지만 따뜻했다. 어둑한 곳을 찾아 지하 3층까지 내려가 초록색 우레탄폼에 몸을 뉘었다. 눈을 감았다.

잠시 잤을까? 눈이 부셔서 이마에 손을 올리고 눈을 떴을 땐 경비 아저씨의 실루엣이 보였다. 태양보다 밝은 손전등으로 나를 훑고 계셨다. 세상과 사람들은 내가 편히 쉬는 걸 가만두지 않았다. 경비 아저씨가 뭐라 하셨지만 아랑곳 하지 않고 그 주차장을 천천히 빠져나와 다시 아스팔트 위에 섰다. 바람이 불어 추웠다. 여름 추위와 함께 지난 일들이 떠올랐다.

ADHD 판정을 받은 중1 아들, 일반 학교에서는 왕따와 낮은 학교 성적, 대안학교에서는 부적응에 방화하고 퇴학, 그리고 잘 풀리지 않는 사업과 목을 조여 오는 빚더미들. 엄마, 아빠는 혼란스러웠다. 어지럽고 힘든 세상에서 똑바로 살려고 노력하던 엄마, 아빠의 눈과 심장은 멈춰버렸다. 모든 생각과 시선이 나에게 집중되었다. 어떻게든 나를 고치고 싶었던 부모님은 자연스럽게 주먹과 고성을 쓸 수밖에 없었을 것이다. 비명소리와 울음소리, 그릇 깨지는 소리가 늘 나와 함께 했다.

너무도 답답하고 화가 나 잠시 쉬어보자고, 다시 시작해보자고 부모님께서 나를 광안리 바닷가에 데려가기로 했던 기억도 떠오른다. 방안에서 훌쩍이던 나를 데리고 엄마는 외출 계획을 세우셨다. 엄마에게는 여유가 필요했을 것이다. 그러나 나는 모든 게 삐뚤삐뚤했고, 세상은 뱅글뱅글 도는 듯해서 어지러울 뿐이었다. 당연히 엄마, 아빠도 싫었고, 세상도 싫었다. 광안리에 가기 싫다고 했지만, 무엇이 그리 절박했는지 부모님은 반강제로 나를 바닷가로 데려갔다. 짜증내는 아들을 데려간 바닷가에서 부모님은 인내력에 바닥을 드러내며 나를 남겨둔 채 가버리셨다. 두 분 모두 발광하는 나를 버리고 싶었을 것이다. 광안리 바닷가에 버려졌던 나는 바닷바람에 추워하며 힘들게 집으로 걸어갔다. 집에 도착했지만 차마 집에 들어가진 못했다. 집 근처 목욕통 통풍기의 온기에 의지해 겨우 잠을 잤다.

그날의 기억이 떠올라 혹시 주변에 목욕탕이 있나 살폈지만 보이지 않았다. 난 너무 졸렸다. 목욕탕을 찾아 움직이기엔 너무 피곤했다. 마침 날 위해서 준비해 놓은 듯한 낡은 의자가 눈에 띄었다. 의자에 앉아 졸린 눈을 감았다. 너무 졸렸지만 쉽게 잠들지는 못했다. 모기들이 오랜만에 온 거대한 식사에 반색을 하며 달려 든 탓이다. 온몸이 따끔거리고 간지러웠지만 결국 피곤이 모기를 이겼다. 난 죽은 듯 잠들었다. 따뜻하고 푹신한 이불을 엄마가 덮어주며 잘 자란 말을 해서 눈물이 났다. 눈물을 닦아내고 눈을 떠보니 꿈이었다. 이미 해가 뜬 뒤였다.

깨어나자마자 느낀 감정은 배고픔이었다. 패스트푸드점이 눈에 띄었다. 문을 열고 들어서니 고기 냄새가 식욕을 자극했다. 햄버거를 시키고 테이블에 앉아 주변을 둘러보니 바깥에서 들어오는 햇빛과 출근하려는 사람들, 교복을 입은 중·고등학생들이 보였다. 자기의 일상이 평범하다고 말할 수 있는 사람들이 그 순간 정말 부러웠다. 평범한 일상과는 너무나 멀었던 나는 저들과 다르게 특별하지만 저들보다 불행하다는 묘한 감정에 사로잡혔다.

햄버거가 나를 위로해주었다. 빵 사이에 있는 계란이 물컹물컹하게 흘러나오고 딸기 쉐이크와 감자칩이 입에서 살살 녹아 그나마 살만했다. 패스트푸드점을 나오는 순간까지는 행복했다. 그러나 패스트푸드점을 나올 때 우연히 함께 나오는 사람을 보며 난 다시 우울해졌다. 그 사람과 나는 패스트푸드점에 비슷한 시간에 들어갔고, 비슷한 것을 먹고, 비슷한 시간에 나왔는데, 그곳에서 나오는 순간 너무나도 다른 일상을 살아야 한다는 걸 깨달았기 때문이다.

해가 중천에 떠오를 때까지 난 무작정 거리를 걸었다. 걷는 게 피곤할 즈음 난 또다시 PC방을 찾아 들어갔다. 컴퓨터를 켜고 번호를 입력하고 부지런히 손을 놀려 게임을 했다. 한참을 하다가 출출하면 천 원짜리 도깨비가 그려진 불량식품을 사서 입에 물었다. 배가 고파 견딜 수 없으면 조금 더 비싼 즉석 햄버거와 핫바, 컵라면으로 끼니를 때웠다. 그때 휴대 전화가 울렸다. 휴대 전화가 든 가방이 내 몸을 흔드는 기분이 들었다. 그저 엄마 사업관계의 전화려니 하며 게임을 중단하고 무심코 휴대 전화를 들여다 본 나는 살짝 놀랐다. 아빠 전화번호였다. 받을까 말까 잠시 고민했다. 휴대 전화를 괜히 가져왔다 싶기도 했다. 그러나 휴대 전화는 여러 사이트에서 현금을 사이버머니로 교환하는 도구였기에 내겐 꼭 필요했다.

나는 전화를 받을 용기가 나지 않았다. 휴대 전화는 계속 울려댔고, 난 겁이 나서 온몸이 부들부들 떨렸다. 멈추지 않는 심장 박동 소리가 듣기 싫어 그대로 휴대 전화 배터리를 뽑아버렸다. 두려움을 이겨내기 위해 나는 미친 듯이 다시 게임에 집중했다.

오후가 되고 내 또래의 애들이 지나쳐 갔다. 시간이 흐를수록 나이 많은 학생들이 보였다. 하루 종일 PC방에 있다 보니 다시 저녁 10시, 나는 어제와 마찬가지로 쫓겨났다. 저녁도 세모난 주먹밥과 컵라면으로 때우고 근처 잘 만한 곳을 찾아 헤맸다. 그 뒤론 늘 그렇게 보냈다. 낮에는 PC방, 밤 10시 이후엔 노숙, 음식은 패스트푸드, 그것이 내가 누린 자유의 전부였다.

정상이 되고 싶은 비정상

가출을 한 지 5일 정도가 지났다. 날마다 똑같은 PC방에 가면 의심을 살까봐 계속 옮겨 다녔다. 몇 번을 옮겨 다니던 끝에 내가 전에 다니던 학교 근처까지 갔다. 오후 즈음에 내가 아는 친구들이 보였다. 머리는 덥수룩하고 꼬질꼬질한 내 모습을 못 알아 봤겠지만 깨끗하고 말끔한 가방을 멘 친구들이 그때처럼 부러운 적이 없었다.

'정상'이라는 꼬리표를 달고 싶었지만 '정상'앞에 '비'라는 글자가 하나 더 붙어버린 나다. 단 한 글자지만 '정상'과 '비정상'은 반대 의미다. 정반대 의미를 몸으로 느끼니 외로움이 몸서리치게 밀려들었다. 슬펐다. 부모님이 있고 학원을 다니는 그들과 별로 차이가 없던 나는 지금 거지처럼 PC방에서 게임을 하고, 밤에 노숙을 한다. 비참했다. 단 한 글자의 차이가 이렇게 다른 삶을 만들다니, 정말 비참했다.

그날 저녁 가출을 한 뒤 처음으로 '목욕탕'에 들어갔다. 저녁 10시라 곧 나와야 한다는 아저씨의 말은 귓등으로 흘려보냈다. 옷을 벗자마자 나는 며칠 동안 동고동락하며 지갑 역할을 충실히 했던 팬티를 쓰레기통에 버렸다. 저녁이고 평일이라 그런지 나밖에 없어 샤워를 하고 온탕에 천천히 몸을 뉘였다. 몇 십분 전까지 끈적거리던 엉덩이와 꼬질꼬질하던 머리카락, 텁텁한 입이 한순간에 하늘로 날아가는 듯했다. 편했다. 따스했다. 마음이 놓였다.

얼마나 흘렀을까? 누군가 나를 흔들었다. 동시에 내 짧은 평온도 깨졌다. 카운터 아저씨였다. 아저씨는 지금 정신이 있냐고 화를 냈다. 가까스로 정신을 차린 내가 몇 시냐고 묻자 새벽 4시라고 대답했다. 그러면서 부모가 없냐고 다그친다. 나는 아무 말도 하지 않았다. 누군가 날 구박한다는 사실에 오히려 분노가 끓었다. 간섭과 구박이 싫어 가출했는데 또다시 누군가에게 간섭과 구박을 당하다니, 견딜 수 없는 화가 치밀었다. 입을 앙다문 채 옷을 갈아입고 나왔다. 뭐라 말하고 싶었지만 용기 없는 나는 그저 아저씨한테 증오의 눈빛만 쏘아붙였다.

목욕탕에서 나온 나는 멀지않은 시장으로 발길을 돌렸다. 새벽이었지만 문을 열지 않아 조용한 시장 한복판, 가판대 아래 좁은 공간을 덮은 차양을 걷어내고 그 안으로 들어갔다. 잠을 청하기 위해 자리를 잡았다. 조금 딱딱했지만 마음은 편했다.

내 첫 가출은 초등학교 4학년이었다. 부모님은 안 계시고, 게임에 빠졌던 나는 게임을 하다가 학원 3군데를 모두 빼먹은 뒤에야 야단맞을 것이 두려워 학원가 근처의 꽃집 창고에서 비닐을 덮고 잤다. 그것이 첫 가출이었고, 그날 잠은 불편했지만 내게 한없는 자유를 선물해주었다. 아마 그때가, 두려움에 떨며 집에 들어가지 않던 그날이, 내가 정상에서 비정상의 길로 접어든 첫 출발이었는지도 모른다.

첫 가출을 한 날을 떠올리니 괜히 눈물이 났다. 나에게 새겨진 '비정 상'이란 주홍글씨가 서러움이 되어 흘러내렸다. 난 애써 참고 날 위로했 다. 난 자유야, 비정상이지만 자유라고, 그거면 됐어. 애써 눌러 덮었지 만 눈물은 쉽게 그치지 않았다.

담배 냄새와 함께 끝난 가출

나는 보름 동안 집에 들어가지 않았다. 나랑 비슷한 처지의 친구를 만나 밤마다 함께 다니며 도둑질도 하고 밤에 청소년들이 갈 수 있는 PC방을 찾아서 밤을 같이 새기도 했다. 새벽에 바닷가에서 술 취한 아 저씨가 외로웠는지 나를 아들로 삼고 싶다고 해서 같이 그 집에 갈 뻔하 기도 했다. 가족이 없는 외로움과 추위, 그리고 배고픔에 못 이겨 아빠 집 근처를 서성이다 아빠 회사의 차를 보고 겁이 나서 다시 돌아오기도 했다. 폭주족 형들을 만나 함께 오토바이를 타고 다니며 소리를 질러보 기도 했다.

단 한순간도 내 마음 속으로 가족은 들어오지 않았다. 누군가 나를 걱정할 거라 믿지도, 기대하지도 않았다. 엄마의 휴대 전화로 20만 원어 치를 사이버머니로 결제한 탓에 휴대 전화는 내게 무용지물이었다. 엄 마, 아빠의 문자와 전화는 보지도, 받지도 않았다. 이 세상엔 오로지 나 와 내 품안의 돈, 그리고 거뭇거뭇한 천 쪼가리 옷밖에 없었다.

그날도 여느 날과 다름없이 아침을 먹으러 편의점에 들렀다. 정신없이 김밥을 먹었다. 다 먹고 나가려는데 아르바이트를 하던 형이 나에게 말을 걸었다.

"너 석규 아니니?"

순간 몸이 움직이지 않았다. 나는 너무 놀랐고, 부족한 잠과 주린 배로 인해 내 대답이 불러올 일은 생각지도 않고 "맞다"고 했다. 잠시 기다려 보라며 날 붙잡은 그 형은 음료수와 빵, 그리고 족발을 내게 주었다.

"이거 먹으며 잠깐 기다려."

얼마를 기다렸을까? 편의점 계단을 성급히 뛰어올라 문을 연 사람이 보였다. 담임 선생님이셨다. 그때 내 심장은 터질 듯이 쿵쾅거렸고 다시 집으로 돌아가야 한다는 생각이 들자 몸에서 힘이 쏙 빠져나갔다.

선생님은 아무 말 없이 나를 끌고 밖으로 나갔다. 선생님의 차를 타고 집으로 돌아가는데 커피와 담배 냄새가 코를 찔렀다. 만날 맡던 담배 냄새가 집으로 돌아가는 길 위의 차에서 맡으니 더욱 고통스럽게 다가왔다. 커피와 담배 냄새가 사라지고, 보름 만에 엄마와 아빠, 동생을 다시 만났다.

난 정상이 된 걸까?

집에 가서 따뜻한 물로 씻고 그동안 건드리지 않았던 덥수룩한 머리도 깎고, 푹신하고 아늑한 이불을 덮고 잠을 잤다. 부모님은 아무 말도 없으셨다. 내가 집에 온지 이틀 만에 부모님은 나를 청소년 수련관으로 보냈다. 말이 수련관이지 사실은 소년원이나 다름없었다. 나를 감당할 수 없었던 부모님은 심리학 교수의 말을 좇아 한적한 곳의 청소년 수련관으로 보낸 것이다.

내가 사라지자 집은 평화를 찾았지만 내게는 평화가 찾아오지 않았다. 나는 그곳에서도 비정상이었다. 아니 그곳이 바로 비정상이었다. 나는 그곳에서도 적응하지 못했다. 내가 마지막으로 찾은 곳, 내 마지막 거처가 샨티학교였다. 여기서도 나는 잠시의 정상 생활을 뒤로 하고 곧바로 비정상으로 흘러갔다. 샨티학교가 다른 곳과 다른 점은 나를 비정상이라고 내버려두지 않았다는 것이다. 나도 예전처럼 도망치지 않고, 어떻게든 날 바꾸기 위해 애를 썼다. 그곳에서 나는 서서히 내 안에 웅크라고 있던 분노와 자기중심성에서 조금씩 벗어났다.

지금의 나는 정상일까?

글쎄, 아직은 정확한 답을 내리지 못하겠다.

시련도 반가운 손님이다

　석규는 짐승의 시기를 보냈습니다. 자기 안의 불안이 무엇인지도 모른 채 그저 아버지의 권위와 간섭이 싫어서 무작정 반항을 했습니다. 불안함을 이겨내기 위해 게임에 빠져들었습니다. 그 결과물은 고함과 매였습니다. 그게 싫어서 가출을 밥 먹듯이 했습니다. 사랑을 주지 못하는 가족, ADHD라는 낙인, 학교 부적응아, 성격 이상자! 결코 정상이 될 수 없는 운명을 한탄하며 절망했지만 어쩔 도리가 없었습니다.

　가족은 편안한 안식처라고 합니다만 솔직히 말해 가족을 편안한 안식처로 여기는 10대가 얼마나 될까요? 어른들도 비슷합니다. 정말 가족과 함께 하면 아무 조건 없이 편하고, 모든 고통과 힘겨움을 잊는 안락함을 얻는다고 말할 사람이 얼마나 될까요? 그래서 가족의 편안함을 그린 영화나 드라마는 판타지에 가깝습니다. 10대 남자들은 PC방에서 더 안락함을 느끼며, 10대 여자들은 친구들과 신나게 어울릴 때 훨씬 편안해합니다. 부모가 주는 안락함보다 게임과 친구가 주는 안락함이 훨씬 큽니다.

석규는 가족과 함께 할 때 오는 불안을 감당하기 힘들었습니다. 불안을 피하기 위해 게임에 빠져들었습니다. 게임에 빠져드는 순간엔 불안이 사라졌지만, 게임 중독의 결과는 더 가혹한 불안으로 증폭됐습니다. 아버지는 석규를 불신했고, 불만이었으며, 더 가혹하게 석규를 야단쳤습니다.

『스피릿베어』(벤 마이켈슨)에도 아들에게 매를 가하는 아버지가 나옵니다. 늘 말썽을 일삼는 아들에게 아버지는 무자비한 매를 가합니다. 아들은 그런 아버지가 끔찍하게 싫습니다. 증오합니다. 분노를 주체하지 못해 주위 아이들에게 폭력을 행사합니다. 힘든 사건을 겪고, 자신을 치유한 뒤에 아들은 아버지를 이해합니다. 아들에게 문제가 생겼을 때 해결하는 방법을 아버지는 오직 하나밖에 몰랐습니다. 때리는 것이죠. 아들은 아버지가 살았던 과거의 삶을 이해하고, 아버지를 용서합니다.

석규 아버지도 마찬가지였습니다. 문제가 생겼을 때 야단치고, 때리는 방법 외에는 몰랐습니다. 새벽부터 밤늦게까지 일해도 풀리지 않는 사업 때문에 받는 스트레스도 버거운데 아들마저 말썽이니 참기 힘들었죠. 그래서 자신이 아는 가장 익숙한 방법을 사용했습니다. 물론 결과는 더 좋지 않았죠. 아들은 더욱 반항을 일삼았고, 아버지는 더욱 화가 났습니다.

『스피릿 베어』의 주인공이 외딴 섬에서 자연과 더불어 자신을 치유했다면, 석규는 샨티학교에서 자신을 치유했습니다. 지금 석규는 부족하지만 다른 사람의 아픔에 귀를 기울일 줄도 압니다. 마라톤을 하고, 채식을 실천하며, 시민운동가가 되려는 꿈을 키우는 중입니다. 가출을 일삼던 반항아가 시민운동가를 꿈꾸다니, 솔직히 기적에 가까운 변화입니다. 엄마, 아빠의 마음을 조금은 이해하고, 동생과 닮은 점을 확인하며 가족애도 느낍니다.

석규는 자유를 원했습니다. 그래서 가출이라는 방법을 택했죠. 그러나 가출은 결코 자유를 주지 못했습니다. PC방, 패스트푸드, 노숙이 가출이 준 자유의 전부였습니다. 석규가 진심으로 원한 건 간섭 없는 자유가 아니라 편안함과 안락함이었습니다. 쉬고 싶을 때 마음을 편히 놓을 따뜻한 인간관계를 원했죠.

다행스럽게도 석규네 가족엔 다시 정이 흐릅니다. 아버지도 변했습니다. 자신이 고집하던 낡은 방법을 버리고 아들과 소통하기 시작했습니다. 아들도 아버지의 어려움과 고통을 이해하고, 아버지가 그럴 수밖에 없었던 처지를 조금씩 이해해 가는 중입니다.

시련은 고통이었지만, 그 시련 덕분에 석규는 원하던 행복이 무엇인지, 자신이 진심으로 찾던 게 무엇인지 알았습니다. 그리고 지금 이순간의 행복에 고마워할 줄 알게 됐죠. 가출과 반항을 일삼던 과거가 꼭 나쁘기만 한 건 아니었습니다. 시련으로 인해 행복이 옵니다. 그러고 보니 시련도 반가운 손님이네요.

왕따, 탈출 외엔 방법이 없다

유치원 때부터 나랑 가장 친했던 친구가 있었다. 정말 친한 사이였는데 어느 순간부터 그 친구랑 사이가 안 좋아졌다. 이유는 전혀 몰랐다. 난 혹시 내가 뭘 잘못했나 싶었다. 그래서 물어보았지만 내가 생각한 이유가 아니었다. 그냥 내가 싫어졌다고 했다. 그때부터 난 유치원에서 외톨이로 지냈다.

유치원을 졸업하고 초등학교를 들어갔다. 초등학교는 정말 신기했다. 호기심에 가득했던 나는 애들이랑 놀다가 애들이 수업 시간에 맞춰 교실로 들어간 뒤에도 혼자 학교를 구경하다 수업 시간에 늦게 들어가기도 했다. 그러다 어느 순간부터 애들이 나와 안 놀기 시작했다. 또다시 외톨이가 되었다.

학교에는 왕따 당하는 애들이 몇몇 있었는데 정말 심하게 당했다.

왕따를 당하는 아이들을 보며 난 두려움에 떨었다.

‘나도 외톨인데 나중에 설마……. 저렇게 당하진 않을까?’

‘저렇게 심하게 두들겨 맞지 않을까?’

끔찍하게도 내 두려움은 현실이 되었다. 유치원 때는 외톨이에 머물렀지만 초등학교 때는 결국 왕따가 되고 말았다. 그나마 나와 친하고 싶어서 다가 온 애들도 나를 왕따 시키는 애들이 무서워서 곧 멀어져 갔다.

“너희들 정현이랑 놀지 마. 제랑 놀면 진짜 좋은 거 하나도 없어.”

안 그래도 내 주변엔 친구가 거의 없었는데 이렇게 협박을 해대니 친구가 생길 리 없었다. 나는 심하게 왕따를 당하면서도 도움을 요청하지도 않았다. 부모님께 얘기를 하면 걱정하실 게 뻔해서 말하지 않고 혼자 묵묵히 견뎌냈다.

참을 수 없는 폭력

그러던 어느 날 잘 나가는 애들 6명이 나한테 찾아와서는 내 머리채를 잡고 여자 화장실로 데리고 갔다. 나를 화장실 바닥에 패대기를 치더니 마구잡이로 나를 때렸다. 나는 왜 맞는지조차도 알지 못했다. 나는 잘못한 게 없는데, 맞을 이유가 없는데, 왜 맞는지도 모른 채 얻어맞았다. 피가 났다. 온몸이 고통으로 몸부림쳤다. 그러나 “도와줘.”하는 말 한 마디 내뱉지 못했다. 도와달라고 하면 애들이 나를 더 심하게 때릴 걸 알았기 때문이다.

이유 없는 구타와 괴롭힘은 끝없이 이어졌다. 나는 점점 학교에 다니기 싫었다. 머리는 터질 듯했고, 가슴은 몸보다 더 멍이 심하게 들었다. 참기 힘들었다. 숨쉬기조차 힘들었다. 나는 견디지 못하고 담임선생님께 도움을 청했다. 담임선생님은 나를 괴롭힌 애들에게 강제 상담을 시켰다. 그러나 그건 오히려 나에게 더 끔찍한 결과로 돌아왔다. 애들은 또다시 나를 화장실로 끌고 가더니 이번엔 옷을 벗겨 버렸다. 내가 반항하자 내 손발을 묶고는 강제로 내 옷을 벗겼다. 옷을 다 벗긴 뒤에는 무자비하게 나를 때렸다. 나는 피하지도 못하고 계속 맞아야 했다.

견딜 수 없었다. 선생님도 구원자가 되지 못했다. 나는 죽는 거 외에는 방법이 없다고 생각했고, 아파트에서 뛰어내리기로 마음먹었다. 아마 그 순간 가족 생각이 나지 않았다면 나는 이 세상에 없을 사람이다. 가족들을 생각하니 너무 슬펐다. 내가 죽은 뒤에 슬퍼하는 모습을 상상하니 가슴이 너무 아팠다. 결국 죽지 못했다.

영화 속에서나 봤던 납치가 현실로

나는 꾹 참고, 힘들어도 학교를 다녔다. 괴롭힘도 익숙해지니 참을 만했다. 그런데 더 끔찍한 일이 벌어졌다. 지금까지 괴롭히던 애들이 아닌 다른 애들이 등장한 것이다. 그 애들은 다짜고짜 나를 납치했다. 나는 너무 무서웠다. 정말 겁이 났다.

납치를 당한 3시간 동안 나는 애들이 시키는 걸 무조건 해야만 했다. 그때 당했던 일은 여기에 쓰고 싶지 않다. 떠올리는 것만으로도 너무 끔찍하기 때문이다. 시키는 짓을 다하고 나는 드디어 지옥에서 빠져나왔는데 경찰차 소리가 들렸다. 삼촌, 이모, 엄마가 나타났다. 내가 애들한테 납치를 당하는 바람에 학원도 못가고 집에도 연락이 되지 않아서 엄마가 경찰에 신고하고, 가족들과 함께 날 찾아 나선 것이다.

집에 들어가니 동생이 울먹거리는 목소리로 말했다.

"왜 이제 왔어. 집에 연락 좀 하지! 나랑 고모가 얼마나 걱정했는지 알아?"

나는 다른 말은 못했다.

"너무 미안해……."

하며 그저 펑펑 울기만 했다. 동생이 그만 울라고 나를 달래주어도 눈물이 계속 나와서 억지로 힘들게 눈물을 숨겼다. 엄마가 괜찮으냐 물어 나는 괜찮다고 했다. 엄마에게 괜한 걱정을 안겨드리고 싶지 않았기 때문이다.

다음 날 삼촌이 학교로 찾아와 나를 납치한 애들을 매섭게 혼내주셨다. 속이 후련했다. 이제 삼촌이 혼을 냈고, 사건도 알려졌으니 괜찮을 줄 알았다. 그러나 아니었다. 내 착각이었다. 그 뒤로도 그 아이들은 나를 더 심하게 괴롭혔다. 심지어 우리 집 앞까지 찾아와서 나를 괴롭혔다. 나는 도저히 참을 수가 없어서 상황이 벌어질 때마다 주위에 알렸다. 그러나 왕따와 괴롭힘은 사라지지 않았다. 그렇게 고통스런 시간을 초등학교 내내 보내야 했다.

대안학교로 탈출, 여기가 내겐 천국이다

힘들게 초등학교를 졸업하고 중학교에 입학했다. 중학교 때는 왕따를 덜 당할 거라 막연하게 생각했지만 나는 또 왕따가 되었다. 그러나 이번에는 더 이상 참지 않았다. 그 끔찍한 기억을 다시 반복하고 싶지 않았다. 한 번 왕따는 영원한 왕따였다. 내가 아무리 노력해도 아무리 바뀌려고 해도 소용이 없었다. 한 번 찍히면 끝이었다. 벗어나는 수밖에 없었다. 이 끔찍한 감옥에서 벗어는 것 외에는 방법이 없었다. 그래서 나는 학교를 그만 두었다.

그리고 찾은 곳이 샨티학교였다. 여기서 난 왕따가 아니다. 주위 눈치를 보지 않고, 무서워하지 않으며 학교에 다니는 것만으로도 나는 너무 감사하다. 샨티학교는 아예 왕따가 존재하지 않는다. 조금이라도 문제가 생기면 바로 드러나고 선생님이 끝까지 보호해주며 문제를 해결해주신다. 이곳에선 사랑도 자유다. 난 지금 이곳에서-어른들이 보기엔 미숙해 보이겠지만-사랑도 해보고, 이별도 경험한다. 지금 이곳이 내겐 천국이다. 반정현인

왕따와 찐따의 차이

왕따 문제를 접할 때마다 늘 답답합니다. 너무나 흔하게 벌어지는 일이다 보니 왕따로 인한 범죄나 자살 사건이 벌어지지 않는 한 주목조차 받지 못합니다. 선생님이나 부모에게 도움을 요청하라고 하지만 정현이 사례에서 보이듯 어른들은 아이들의 세계를 잘 알지도 못하고, 도움을 줘도 한계가 많습니다. 결국 해결책은 소속 집단에서 탈출하는 방법밖에 없습니다. 왕따를 자기 힘이나 주위 어른의 도움으로 극복하기는 복권 1등에 당첨되기만큼 어렵습니다.

『지독한 장난』(이경화)에서 준서는 힘센 친구에게 빌붙어 한 친구를 왕따시키는데 앞장섭니다. 그러다 자신이 표적이 되어 지독하게 왕따를 당합니다. 『지독한 장난』의 준서나 이 글의 정현이나 처지가 비슷했습니다. 마지막에 준서는 자기 힘으로 왕따에서 벗어납니다. 자신을 괴롭히던 우두머리 친구에게 정말 목숨을 걸고 대듭니다. 준서는 자신이 동경하던 레슬링 선수처럼 오직 정의를 위해 용기를 냅니다. 준서는 싸움에서는 지지만 자존감을 회복하고, 왕따에서 벗어납니다.

저는 『지독한 장난』을 읽으면 참 동화 같은 얘기라는 생각이 들었습니다. 웬만한 10대는 결코 준서처럼 행동하지 못하기 때문이죠. 현실에서는 묵묵히 참으며 상황이 바뀌기를 바라거나, 왕따에 익숙해지거나, 정현이처럼 탈출하는 것 외에는 왕따 문제를 해결할 방법이 없습니다.

요즘 아이들은 왕따라는 말 대신에 '찐따'라는 말을 더 많이 씁니다. 왕따와 찐따, 무엇이 다를까요? 왕따는 따돌림을 하는 쪽이 문제라는 인상을 줍니다. 집단으로 따돌림을 하면 따돌림을 당하는 쪽은 피해자, 따돌림을 하는 쪽은 가해자가 됩니다. 반면에 찐따라는 말은 따돌림 당하는 아이 자체가 문제라는 인상을 줍니다. 성격이 이상해서, 하는 짓이 구질구질해서, 지저분해서 어울리는 친구가 없는 아이들이 찐따로 취급받습니다. 셀프 왕따인 셈이죠. 그러니 왕따가 문제라고 판단하는 아이들조차 찐따라는 말을 아주 쉽게 쓰고, 찐따를 왕따시켜도 죄의식이 없습니다.

정현이는 보통① 아이들과 달랐습니다. 초등학교에 들어갔는데 마냥 신기해서 구경하고 다니느라 정신이 없었습니다. 아마 그런 행동이 다른 아이들 눈에는 정말 이상하게 보였겠죠.

"괴상한 아이, 찌질이, 그리고 찐따! 쟤는 완전 '찐따'야! 맞아, 찐따니까 저러는 거야!"

　찐따로 취급받으면 왕따가 되는 건 시간문젭니다. 정현이는 찐따에서 왕따가 됐고, 왕따를 시키는 아이들은 자신들이 문제가 아니라 찐따인 정현이가 문제라고 여기고, 가혹한 짓을 하면서도 아무런 죄의식을 느끼지 않았습니다.

　"아니 어떻게 그 어린 아이들이 옷을 벗기고, 폭력을 휘두르고, 납치를 해서 온갖 못된 짓을 할 수가 있을까? 그렇게 잔인한 짓을 하고도 죄의식이 생기지 않을까?"

　정상적인 어른이라면 이런 생각이 자연스럽게 들겠죠. 하지만 죄의식은 안 생깁니다. 왜냐하면 정현이는 '찐따'니까요. 찐따기 때문에, 정상적인 아이가 아니기 때문에 함부로 취급해도 된다고 여깁니다. 보통 인간이 아니기 때문에, 정상인이 아니기 때문에 함부로 대해도 된다고 믿습니다. 이런 사고방식을 지닌 아이들이 비정상적으로 보일지 모르지만 솔직히 말하면 사회도 똑같지 않나요? 이 사회에서 '찐따'들은 함부로 취급을 당합니다. 외국인 노동자, 비정규직 노동자, 가난한 서민들, 실업자들, 노숙자들, 청년 백수들, 동성애자들, 병역거부자들, 모두 찐따 취급을 받습니다. 조금만 자신이 지위가 높으면, 상대가 자신보다 조금만 낮은 인간이라고 판단되면 무차별적인 학대를 가하지요. 스스로를 돌아보세요. 솔직히 말해 자기보다 조금만 힘이 없고, 만만해 보이면 함부로 대하고, 낮춰 보려는 심리가 대부분 있지 않나요?

　학교 선생님들은—안 그런 선생님들도 계시지만—성적으로 아이들을 차별합니다. 은근히 차별하는 선생님도 있지만, 노골적으로 차별하는 선

10대들의 힐링캠프

생님들도 꽤 많습니다. 여기서 아이들은 배웁니다.

"아! 찐따는 차별해도 되는 구나!"

원인은 아이들 세상이 아니라 어른들 세상입니다. 사회에서 왕따 문제가 해결되기 전까진 교육당국이 아무리 왕따 대책을 세워봐야 절대 해결되지 않습니다. 학교는 세상을 배우는 공간입니다. 학생은 세상을 배우는 나이죠. 세상을 그대로 두고 학교에서만 문제를 없애는 건 불가능합니다. 왕따가 진짜 문제라고 여긴다면 자신부터 지위나 재산, 신체적인 특징을 이유로 누군가를 깔보는 마음을 없애야 합니다. 사람은 누구나 평등하다는 귀에 박히게 들은 진리를 사회에서 실천해야 합니다. 오직 그것만이 정현이와 같은 애들을 사라지게 합니다.

정현이는 구타, 감금, 협박에 시달렸습니다. 정현이가 고통에 몸부림칠 때 주위 어른들은 아무도 힘이 되어주지 못했습니다. 어른들이 도와주겠다고 나서도 아이들은 그들만의 세상 안에서 더 잔혹한 방법으로 보복을 가하기 때문에 정현이는 전혀 안전하지 않았습니다. 결국 대안학교로 탈출하는 것만이 유일한 해결 방법이었습니다. 대안학교로 온 뒤에야 정현이는 인간으로 살았고, 행복을 찾았습니다.

정현이는 자기가 겪은 끔찍한 일들을 다 털어놓지 못했습니다. 일부만 드러냈는데도 솟구치는 아픔을 감당하기 힘들어 했습니다. 정현이가 자신이 겪은 일을 모두 당당하게 밝힐 때, 그 아픔을 따뜻하게 껴안을 때, 비로소 정현이는 과거의 아픔에서 벗어날 힘을 얻게 될 것입니다. 지금은 과거에 누리지 못했던 학교생활의 기쁨을 마음껏 누리길 바랍니다. 진실한 관계가 무엇인지 충분히 경험하길 바랍니다. 기쁨과 진실이 '지독한 장난'(!)이 만든 생채기를 완전히 아물게 해줄 테니까요.

엄마와 벌인 전쟁

난 어렸을 때부터 엄마가 시키는 대로 했다. 엄마가 보여준 길만 봐서 그런지 몰라도 과학자, 외교관, UN에서 일하는 것이 꿈이었다. 국제중학교에 가겠다고 말은 했지만 끈기가 없어서 뭐 하나 끝을 본 적은 없었다. 평소 말을 안 들으면 엄마에게 대들다 맞기도 했는데 밖에 나가서는 "우리 엄마는 한 번도 나한테 화낸 적이 없어!"하며 거짓말을 하기도 했다. 초등학교 6학년 때까지는 엄마의 잔소리도 그럭저럭 넘겼다. 사업을 하시느라 항상 밤늦게 들어오셨기 때문이다.

그런데 중학교부터는 달랐다. 엄마가 하는 사업이 안정되면서 시간도 많아지고, 엄마의 회사 근처로 집을 옮겼기 때문이다. 엄마가 집에 들어오는 시간이 빨라졌고, 하루 종일 집에 계시는 날도 생겼다. 엄마가 집에 머무는 시간이 늘어나니 자연스럽게 날 간섭하는 일도 늘었다.

"숙제는 했니?"

"지금이 몇 신데 이제 들어와! 학교 끝난 지가 언젠데?"

"너 앞으로 학교 방과 후를 해도 5시까지는 들어와."

당시엔 학교 수업이 끝나는 시간이 3시고, 방과 후가 끝나면 4시 반이 넘었는데 친구들과 떡볶이를 먹고 집으로 가면 5시가 조금 넘었다. 내가 10시 넘어서 들어오는 것도 아니고, 친구들과 얘기하고 오겠다는데도 항상 잔소리는 쏟아졌다. 내가 음악을 듣는 것, 밥 먹고 피아노를 치며 쉬는 것도, 가끔 커피를 마시는 것까지 모두.

10시가 넘어 아빠께서 돌아오시면 바통을 이어받으신다. 어쩔 땐 두 분이서 동생과 나에게 화를 내셨다. 갑자기 늘어난 잔소리와 규칙 때문에 난 스트레스를 받기 시작했다. 점점 말싸움이 늘어가고, 나도 이유 없는 짜증을 부리며 반항을 했다.

어느 날이었다. 어떤 이유에선지는 모르겠지만 동생이 엄마에게 야단을 맞고 있었다. 듣고 있던 내가 엄마에게 화를 냈고, 옆에서 보고 계시던 아빠도 합세를 해서 날 야단쳤다. 엉뚱하게도 아빠와 내가 실랑이를 벌였다. 아빠는 화가 나셨는지 평소답지 않게 갑자기 나를 때리려고 하셨다. 나는 당연하게 본능적으로 나를 향해 날아오는 아빠의 손을 막았다. 그 순간 우리를 말리려 달려든 엄마의 눈빛이 변했다. 동생이 방으로 들어가 문을 닫는 소리가 들리면서 동시에 내 눈에 불이 번쩍했다. 엄마가 내 뺨을 때린 것이다. 나는 엄청나게 화가 났다. 엄마가 뭔데, 엄마가 ……날.

"엄마가 뭔데, 내가 막으면 안 돼? 뭔데 뺨을 때리고 그래."

그 순간부터 전쟁이 시작됐다. 나는 엄마를 막으려 하고, 엄마는 날 사정없이 때리고, 내가 반항하자 엄마는 필통, 책, 연필 등 내 책상에 있던 모든 물건을 집어던졌다.

그 순간, 엄마가 너무나 야속했다. 엄마 때문에 친구들과 한 번 제대로 놀러간 적도, 내가 원하는 옷을 입어보지도, 남들 같이 머리 모양 제대로 내보지도 못했는데, 날 이렇게 혼을 내는 엄마가 너무 야속했다. 하란대로 공부하고, 교복도 안 줄이고, 소위 안 좋은 친구들도 안 만나고, 화장도 안 해봤는데……. 설움이 복받쳤다. 나는 엄마에게 맞으면서 큰 소리로 울었다. 아주 크게, 소리도 질렀다. 아주 크게.

"지금까지 하란대로만 했잖아. 내가 못한 게 뭔데."

"전교 1등? 나도 하고 싶어! 그런데 그게 내 맘대로 되냐고."

"내가 언제 친구들끼리 몰래 나가서 놀다 온 적 있어?"

쉬지 않고 소리를 질렀지만 엄마는 그런 내게 더욱 화를 냈다.

"어디서 소리를 질러!"

정말 죽고 싶었다. 끊임없이 날아오는 따귀들. 한참을 다투다 어느 순간 지쳐 쓰러지듯 잠이 들었다. 다음날 일어나 보니 내 몸은 만신창이였다. 3일 동안 학교도 가지 않았다. 그 후에도 종종 이런 일들이 벌어졌다. 엄마와 내 관계는 최악으로 치달았다.

그러다 방학을 맞아 나는 '생명누리'라는 NGO 단체에서 진행하는 여행 학교에 참가했다. 인도로 100여 일 동안 떠나는 여행이었다. 인도 여행은 나를 치유해주었다. 인도를 여행하며 내 속에 가득 찼던 독기가 빠져나갔다. 그리고 인도에서 돌아온 뒤에 엄마와 사이가 조금 회복되었다. 지금은 웬만한 일로 엄마와 다투지 않는다. 다툼이 생겨도 이기려고 아등바등 소리치면서 싸우지도 않는다. 힘겹던 인도 여행을 통해 내가 그만큼 성숙해진 게 아닌가 싶다. 그때는 사소한 일에도 서럽고, 야속하고, 가슴이 아팠는데, 지금 돌이켜보면 부끄러운 웃음만 나온다. 신희정인

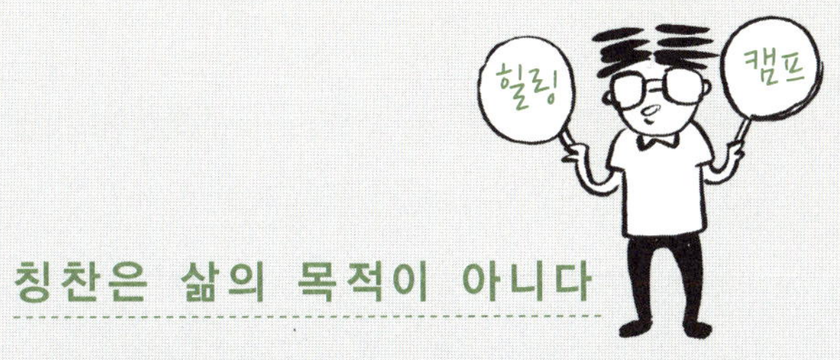

칭찬은 삶의 목적이 아니다

예전엔 칭찬을 하라는 충고들이 많았는데, 요즘은 칭찬에 담긴 부작용에 주목하는 이들이 늘었습니다. 칭찬에 중독된 아이들은 칭찬 그 자체를 목적으로 삼아 버립니다. 칭찬을 받기 위해 공부하고, 칭찬을 받기 위해 착한 일을 하고, 칭찬을 받기 위해 사랑도 합니다. 칭찬은 다른 말로 하면 인정입니다. 남에게 인정받기 위해서 무진 애를 쓰지요. 인정을 받지 못하면 마치 큰일이라도 나는 듯 슬퍼하고 좌절합니다.

초등학교 6학년 아이가 저에게 자기 인생에서 가장 끔찍한 기억의 하나라며 들려준 이야기가 생각납니다. 학원에서 수업을 하는데 선생님이 영어 시험 결과를 불러주었답니다. 평소에 공부를 잘 하던 그 아이는 사정이 있어 시험 대비를 하지 못했고 시험을 망쳤습니다. 시험 결과가 나빴기에 선생님이 점수를 불러주지 않기를 바랐는데, 자기 이름과 점수를 선생님이 불러주자 그 아이는 엄청난 모멸감을 느꼈습니다. 물론 시험을 잘 봤을 때는 시험 점수 불러주는 걸 아주 자랑스럽게 여겼지요. 자신이 아닌 다른 아이가 1등을 하고, 상품을 받고, 칭찬을 듣자 선생님에 대한 분노가 치솟았습니다. 얼굴이 빨개지고 가슴이 뛰었습니다. 그 선생님이 완전 싫어졌습니다. 단지 자기 점수를 불러줬을 뿐이고, 1등을 칭찬해줬을 뿐인데 그 아이는 엄청난 좌절을 맛 본 것이죠.

전 어이가 없었습니다.

"너도 예전엔 1등을 많이 했고, 그때는 자랑스럽게 상품도 받고, 칭찬도 들었잖아."

"물론 그때는 그랬죠. 하지만 제가 거의 꼴등을 했는데, 왜 불러주냐고요. 정말 자존심 상했어요."

자신이 1등을 할 때 자신을 부럽게 바라본 친구들의 마음은 안중에도 없었습니다. 단지 자신이 칭찬을 듣지 못했고, 모욕을 당했다는 생각만 한 것이죠. 이게 칭찬의 부작용입니다. 남의 인정에 목매달고 살 때 얼마나 사람이 왜곡된 인식을 하고, 근거 없는 분노를 품을 수 있는지 보여주는 사례입니다.

희정이는 우리 주위에서 흔히 볼 수 있는 소심하고, 착한 학생입니다. 부모에게 인정받고 싶어서 애를 쓰지만 실력이 되지 않아 부모에게 만족할 만한 성적을 보여주지 못하는 평범한 10대입니다. 나름대로 착하게 지냈지만, 부모를 만족시키지 못해 야단을 맞고, 인정받지 못하니 좌절합니다. 부모의 기대를 채우지 못하는 자신을 하염없이 질책하지만, 능력은 안 되고, 스트레스는 쌓이고, 그래서 반항도 해 보지만 변하는 건 없습니다. 착한 아이로 살아가는 평범한 아이들도 불행한 삶에선 예외가 아닙니다.

『스피릿 베어』(벤 마이켈슨)에서 콜은 늘 거짓말을 일삼았습니다. 자신을 보호하기 위해, 자기 행동을 정당화하기 위해, 처벌을 피하기 위해 거짓말을 했습니다. 콜은 외딴 섬에서 스피릿 베어를 만나고 죽음 직전까지 몰립니다. 겨우 살아서 구조 되는데 사람들은 자신이 곰의 공격을 받았다는 사실을 믿지 않습니다. 스피릿 베어는 1600km밖에 살기 때문이죠. 병원으로 이송되는 도중에 콜은 주머니에서 곰을 만난 흔적을 확인합니다. 곰의 털입니다. 그 털은 자신이 곰을 만났고, 거짓말을 하지 않았다는 결정적 증거입니다. 그런데 콜은 그 털을 버립니다. 증거에 기대지 않고 오로지 진실한 마음만으로 말하겠다고 다짐합니다. 앞으로는 누군가의 마음에 들고, 잘못을 회피하기 위한 말은 하지 않겠다고 결심합니다.

인정, 칭찬을 받으면 참 기분이 좋습니다. 옛날 왕들도 충신의 말을 듣는 게 옳다는 걸 알면서도 간신들의 아부에 넘어갔습니다. 그만큼 다른 사람의 칭찬은 달콤합니다. 많은 사람의 인정을 받으면 기분이 날아갈 듯합니다. 그러나 인정과 칭찬은 다른 사람의 평가일 뿐입니다. 나를 인정하고 칭찬하는 그 사람도 누군가의 인정과 칭찬에 목마른 사람일 뿐입니다. 『스피릿 베어』의 콜을 떠올려 보세요. 콜은 누군가의 인정이 아니라 오직 자신만의 진실을 믿고 따르기로 결심합니다. 오로지 자신에게 정직하기로 결심합니다. 왜냐하면 자신에게 가장 중요한 사람은 자기 자신이기 때문입니다.

칭찬을 구걸하지 마세요. 인정에 목매지 마세요. 누군가의 칭찬과 인정에 기대어 살면 내 삶을 그 사람이 결정해 버립니다. 내 삶의 주인이 난데, 다른 사람이 내 삶의 주인이 되어버리지요. 칭찬과 인정을 해주는 사람이 부모나, 선생님이어도 마찬가집니다. 애인이나 배우자여도 마찬가집니다. 자기 자신을 가장 잘 인정해주고 칭찬해줘야 할 사람은 바로 자기 자신입니다. 자기만족이야말로 가장 큰 칭찬이요 인정입니다. 누군가 알아주지 않는다고 슬퍼하거나 괴로워할 필요도 없습니다.

오직 자기 길을 가야 합니다. 자신이 자신을 칭찬하고 인정해야 합니다. 자신이 자신에게 감동할 때, 오만이 아니라 자부심이 가슴을 가득 채울 때, 삶은 기쁨으로 가득 찹니다.

다른 세상을 만나는 두려움

난 중1 때부터 기숙사 생활을 하는 대안학교를 다녔다. 그 학교는 3년 정도를 다녔는데, 학교를 나오고 나서 6개월이 나한테는 가장 힘겨운 시간이었다. 중3 여름이었다. 부모님께서 오시더니 짐을 몽땅 챙겼다. 방학이 되어 챙기는 줄 알았는데 그게 아니었다. 부모님께서는 학교가 너무 자유롭지 못하고 문제가 많다며 앞으로 이 학교를 가지 말라고 하셨다.

그 학교에서는 날마다 새벽에 일어나서 예배를 드리고, 수요일 밤엔 기도회를 하고, 노작을 했다. 쥐가 들어오는 방에 살고, 겨울엔 나무로 불을 떼면서 추위에 떨었다. 힘겨웠지만 친구들과 지내는 게 너무 좋았던 나는 나가기 싫다고 했지만 부모님은 확고했다. 물론 지금 생각하면 그 대안학교에서 지낸 생활이 마냥 좋게 느껴지지는 않는다.

학교를 나오고 나니 만날 친구가 사라졌다. 대안학교에서 3년간 지내다 보니 그동안 친했던 친구들과 서먹해졌기 때문이다. 만나도 할 얘기가 없었다. 주위에 있던 친구들은 서로 아는 얘기를 하지만 나는 대화에 낄 수 없었다. 소외감을 느꼈고 친구들을 사귀려는 마음을 접었다. 3년 동안 함께 어울렸던 친구들이 그리웠다. 날마다 밥을 먹고, 자고, 숙제하고, 놀았던 친구들과 헤어지니 낄 인간관계가 없었다.

그 뒤 나는 날마다 집에서 TV만 붙잡고 살았다. 안 그래도 없던 인간관계는 거의 사라졌고, 혼자 지내는 생활이 익숙해졌다. 어떤 때는 아무 일도 하지 않고 가만히 앉아 3~4일 동안 멍하니 집에만 처박혀 있기도 했다. 학교를 나온 뒤 계속 집에만 박혀 지내는 나를 보며 부모님은 많이 괴로워하셨다. 나도 그 괴로움을 느꼈지만 애써 무시했다.

보다 못한 엄마가 나에게 새로운 인간관계를 경험할 수 있는 여러 가지 캠프를 추천해주셨다. 사람들을 만나는 게 싫었던 나는 절대 안 가겠다고 고집을 부렸다. 낯설고, 새로운 관계로 들어가는 게 무서웠다. 생전 다투지 않던 부모님과 다투기까지 했다.

그러다가 엄마가 「학교너머」라는 단체에서 하는 '걷기캠프'를 추천했다. 엄마의 제안을 처음 들었을 때, 나는 무조건 가기 싫다고 고집을 부렸다. 하지만 엄마가 끈질기게 설득을 하셨고, 나도 문득 TV만 붙잡고 집에 박혀 있는 내 모습이 한심스럽게 여겨져 엄마의 추천을 받아들였다. 그 결정이 쉽지는 않았다. 새로운 인간관계 속으로 들어가는 두려움이 내 발길을 망설이게 했다.

'걷기캠프'에 간 첫날, 나는 새로운 관계가 무섭고 낯설었지만, 한편으로는 신기하기도 했다. 나는 무섭고 낯선 마음을 힘겹게 억누르며 조심스럽게 새로운 관계 속으로 들어갔다. 힘들었지만 '걷기캠프'는 나에게 아주 큰 변화를 주었다.

캠프에서 새로운 친구도 많이 사귀었다. 막상 부딪치고 보니 새로운 친구를 사귀는 게 그리 두려운 일은 아니었다. 내가 다녔던 그 학교만이 내가 아는 세상의 다가 아니란 것도 깨달았다. 예전 학교에선 이성교제를 하면 안 되고, 욕을 해도 안 되고, 술과 담배를 입에 대는 건 끔찍한 범죄 행위처럼 금기시했다. 그런데 '걷기캠프'에선 이 모든 게 금지사항이 아니었다. 내겐 너무나 당연하게 여겨졌던 규칙들이 어느 특정한 관계 속에서만 절대적일 뿐이라는 걸 깨달았다. 그 깨달음은 내게 정말 큰 변화를 주었다. 세상을 보는 눈이 완전히 깨지는 경험이었다.

'걷기캠프'는 힘들었다. 그러나 새로운 관계 속으로 날 밀어 넣었고, 세상을 다르게 보는 법을 배웠다. 그때 집을 박차고 새로운 경험 속으로 뛰어든 용기 덕분에 새로운 삶을 살게 되었다. 그때 그대로 집에 머물렀다면 어떠했을까? 아마 지금도 새로운 관계를 맺는 걸 두려워하며, 홀로 지내고 있을지도 모른다. 어쩌면 TV나 인터넷에 나오는 '은둔형 외톨이'가 됐을지도……. 은둔형 외톨이라니, 갑자기 으스스하다. 황고원인

사춘기와 함께 찾아온 우울증

엄마가 내게 부탁을 했다.

"혜인아, 음식물 쓰레기 좀 버리고 오렴."

나는 귀찮아서 신경질적으로 대꾸했다.

"싫어요, 제가 왜요? 귀찮아요!"

대꾸하는 순간에도 나는 내가 버릇없다고 느꼈다. 엄마는 몹시 화가 나셨는지 날 엄청나게 혼내셨다. 그 뒤에도 내 철없음은 전혀 바뀌지 않았다. 나는 너무 하다 싶을 정도로 다혈질이었고 막무가내로 행동했다. 모든 행동을 사춘기라는 핑계로 당연하다고 여기며 날 정당화했다. 참지 못하고 내뱉는 내 성격 때문에 정말 오랫동안 사귀었던 친구와 헤어지기까지 했다. 친한 친구와 헤어지고 난 뒤에야 난 학교에서 투명 인간처럼 조용히 지냈다.

난 겉으로는 다혈질이고, 욕도 내뱉었지만 속으론 소심하고 예민했
다. 나 스스로도 자신을 잘 믿지 못했다. 투명 인간 생활이 길어지면서
나는 내 자신을 한심하게 여겼다. 그러던 어느 날이었다.

마지못해 학교에 갈 준비를 하는 도중이었다. 화장실에 들어갔다. 갑
자기 코에서 뭔가 주르륵 흘러내렸다. 거울을 봤다. 코피였다. 난 얼른
닦았다. 도대체 왜 코피가 흐르는 걸까? 이유를 알 수 없었다. 그 다음
날도 코피가 터졌다. 그 다음 날도, 또 그 다음 날도 코피는 계속 터졌
다. 하루도 빠짐없이 코피가 났고, 코피가 많을 때는 하루에 2~3번씩이
나 터졌다. 코피가 날 때마다 내가 한심스러웠다. 나를 투명 인간 취급
하는 학교가 너무 싫었다. 너무 슬프고 우울했다. 슬픔과 절망에 빠질
때마다 눈물은 멈출 줄 모르고 흘렀다. 눈물이 코피인지, 코피가 눈물인
지 분간이 가지 않았다. 심각한 우울증이었다.

그날도 코피가 났다. 눈물과 코피가 범벅이 되었다. 난 겨우 진정시
켰다. 코피가 멈췄다. 세수를 했다. 눈을 감았다. 절망감이 짓눌렀다. 내
앞길이 깜깜했다. 무서웠다. 더 이상 이 무서운 삶을 이어갈 자신이 없었
다. 화장실에서 나와 책상에 앉았다. 작은 칼을 꺼냈다. 또다시 눈물이
나왔다. 오른손에 쥔 칼이 부들부들 떨렸다. 심장이 빨리 뛰었다. 오른
손으로 왼 손목을 그으려는데 오른손이 움직이지 않았다. 내 의지와 상
관없이 오른손은 꼼짝도 안 했다. 엄마, 아빠, 오빠 얼굴이 떠올랐다. 오
른손이 칼을 버렸다. 난 다시 서글피 울었다.

조금 뒤 엄마에게 가서 솔직하게 말했다. 말하면서도 끊임없이 울었

다. 엄마도 날 안고 우셨다. 엄마에게 털어놓은 순간은 시원했는데 그 뒤로도 여전히 우울증은 가시지 않았다. 얼마 뒤에 난 학교가 가기 싫어 교복, 가방, 신발을 다른 옷장에 숨기고, 나도 장롱 속으로 들어갔다. 장롱 안에서 아무 소리 내지 않고 8시간이나 머물렀다. 어두운 공간이 참 편했다. 나중에 엄마가 이 일을 알고 나를 혼내면서도 안타까워하셨다. 그러나 아빠는 날 전혀 이해하지 못하셨다. 그때 아빠가 정말 미웠다. 내 마음을 몰라주는 아빠가 야속했다. 나는 점점 아빠와 멀어졌다. 아빠에게 많이 혼났지만 전혀 신경 쓰지 않았다. 내가 죽어도 학교에 가기 싫다고 하자 엄마는 학교에 가지 말라고 했다. 학교에 안 갔다. 아빠에겐 숨겼다.

엄마 덕분에 내 우울증이 조금 나아지긴 했지만 여전히 난 자신 없고 힘들다. 내 자신의 문제를 스스로 해결하고, 무언가를 꿈꾸며 앞으로 나아갈 자신도 없다. 조금만 힘든 상황이 와도 우울증이 다시 올라온다. 과연 나는 우울증에서 벗어날 수 있을까? 모르겠다. 아직은, 아직은 자신이 없다. 최혜인

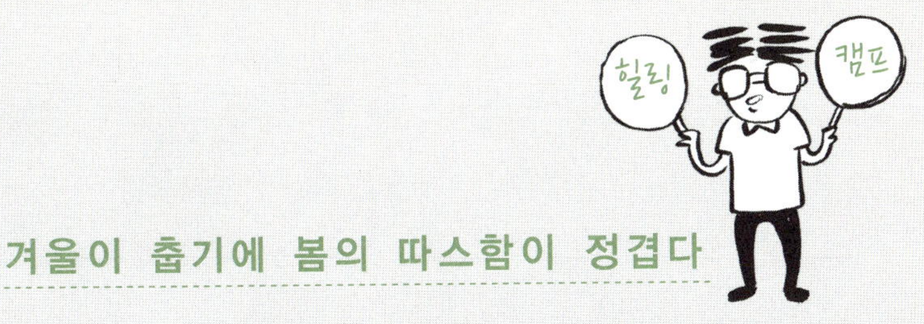

겨울이 춥기에 봄의 따스함이 정겹다

고운이는 낯선 관계에 뛰어들기가 두려웠습니다. 익숙한 환경, 익숙한 만남을 유지하길 원했지만 상황은 바뀌었고 새로운 관계를 맺어야 했습니다. 익숙함에 길들여선지, 아니면 원래 새로움을 꺼려하는 탓인지 모르지만 몹시 두려웠습니다. 두려움은 주저하게 만들고, 고립을 자초하고, 관계를 단절시켰습니다. 고운이가 그 때 조금만 잘못 선택했다면 지금쯤 은둔형 외톨이가 되었을지도 모릅니다. 사람 만나기가 두려웠던 순간에, '이건 아니야'하며 일어섰던 용기가 고운이를 전혀 다른 길로 이끌었습니다. 두려움을 떨쳐낸 순간이 고운이 인생의 길을 바꿨습니다.

혜인이는 우울증에 빠졌습니다. 자신도 모르게 찾아온 우울증이었습니다. 손목을 긋고, 장롱에 몸을 감춰도 우울증은 해결되지 않았습니다. 관계를 맺기도 싫었고, 무언가 하고 싶은 마음도 사라졌으며, 마냥 싫고 두려웠습니다. 몸도 거부 반응을 일으켰고, 결국 학교를 거부했습니다. 엄마가 정성으로 도와주었기에 겨우 자신을 다독였습니다.

『중학교 1학년』(수지 모건스턴)의 첫머리를 보면 중학교에 진학하지 못할까 두려움에 떠는 마르고가 나옵니다. 마르고의 초등학교 6학년 선생님이 중학교에 못 갈 거라고 워낙 협박을 여러 번 한 탓에 마르고는 중학교 입학통지서를 마르고(!) 닳도록 봅니다. 중학교 입학을 준비하는 기간에도 엄청나게 불안해합니다. 학교에 간 첫 날도 정신을 차리지 못합니다. 그러나 막상 며칠 다녀 보니 그 모든 두려움은 전혀 근거가 없었습니다. 정말 쓸 데 없는 걱정, 기우였을 뿐이죠.

우울증은 두려움에서 옵니다. 불안하고 자신 없고 어떻게 될까봐 걱정하는 마음이 지나치면 우울증이 찾아옵니다. 작은 두려움은 무모함과 오만함을 견제합니다. 두려움이 없다면 인간은 마구잡이로, 아무렇게나 살지도 모릅니다. 작은 두려움은 인간을 겸손하게 만듭니다. 그러나 지나친 두려움은 주눅 들게 만들고, 심하면 우울증에 빠지게 합니다. 스스로를 외톨이로 만들어 버립니다.

고운이는 '이건 아니야'하며 박차고 일어났습니다. 두려웠는데 막상 만나고 보니 별 게 아니었습니다. 오히려 신선한 느낌이 들었습니다. 새로운 관계와 배움이 신났습니다. 고운이와 같은 용기가 필요합니다. 껍질 속에 들어가면, 장롱 속에 몸을 감추면 안전할 것 같지만 아무리 감춰봐야 두려움은 사라지지 않습니다. 두려움은 작은 틈으로도 스멀스멀 밀고 들어오는 괴물입니다.

대부분의 두려움은 근거가 없습니다. 막상 닥치고 나면 별거 아니라고 느낍니다. 그리고 때로는 두려움이 신나는 즐거움을 줍니다. 두렵지 않다면 신선함도 없고, 감동도 없습니다. 두려움을 두려워하지 말고 두려움이 주는 자극에 몸을 내 맡기시기 바랍니다. 두려웠기에 기쁨도 큽니다. 겨울이 춥기에 봄의 따스함이 정겹고, 여름의 무더위로 인해 가을 바람이 상쾌합니다.

집착과 의심, 그리고 데이트 폭력

나에게는 오랫동안 사귄 남자 친구가 있다. 남자 친구는 내가 의지하고, 사랑하는 사람이지만, 힘든 관계기도 하다. 처음에는 누구나 그렇듯 알콩달콩 깨가 쏟아지는 사랑을 했다. 100일 정도 지난 뒤부터 처음과 느낌이 조금 달라지긴 했지만 그래도 꽤 괜찮은 연애를 하고 있다고 믿었다. 다만 처음과 다르게 편해지다 보니 조심스러운 게 사라졌다.

자주 싸우고, 싸우다 심하면 서로 욕도 하고, 헤어지자는 말은 우리에겐 너무 쉬운 말이 되었다. 사귀다 보니 나도 모르게 의심과 집착이 생겼다. 연애를 하다 보면 누구에게나 조금씩 생기는 거지만, 나는 유독 더 심했다. 내 집착과 의심을 그는 받아들이기 힘들어했다. 날이 가면 갈수록 그와 잦은 싸움이 일어났다.

어느 날, 싸움 끝에 그는 권태기가 왔다면서 이대로는 끝내기 아쉬웠는지 공백 기간을 두자고 했다. 나에게는 큰 충격이었다. 항상 옆에 있던 사람이 잠시라도 없다고 생각하니, 앞으로 지낼 일이 막막했다. 그래도 공백기를 보내지 않으면 지쳐서 헤어질 것 같다는 말에 내키지는 않지만 어쩔 수 없이 조금 떨어져 지내기로 했다.

처음으로 그와 일주일 동안 말도 안 하고 눈도 잘 안 마주치려고 노력했다. 당장이라도 뛰어가서 말도 하고 장난도 치고 싶었지만 그를 위해서 꾹꾹 참았다. 일주일 정도 시간이 지나자 정말 거짓말처럼 누가 먼저랄 것도 없이 말도 걸게 되고, 장난도 칠 수 있을 정도로 관계가 회복되었다. 짧은 시간이여도 항상 붙어 있다 떨어지니 서로의 소중함도 알고 다시 깨가 쏟아지는 사랑을 했다.

사라지지 않은 집착과 의심, 그리고

행복했다. 그러나 집착과 의심은 사라지지 않았다. 집착과 의심은 나도 모르게 내 일부가 되어 있었다. 그는 나의 집착과 의심을 이해하지 못하고 힘들다고만 외쳐대고, 나는 힘든 걸 알면서도 변하려고 하지 않았다. 서로가 힘들다고 투덜댈 뿐 먼저 변하거나 진지하게 대화를 해볼 생각은 전혀 하지 않았다.

짧은 행복도 잠시 또다시 싸움이 잦았다. 나는 그가 다른 여자들의 얼굴만 봐도 "어디 봐?"하는 말로 추궁했다. 그리고 미친 듯이 질투를 했다. 어느 누가 봐도 도를 지나친 집착과 질투였다. 그럴 때마다 그는 나에게 화도 내고, 타이르기도 했지만, 이미 내 집착은 단시간에 고치기엔 너무 커져 버린 듯했다. 내가 잘못하는 것을 알면서도 몸과 마음은 따로 움직였다.

어느 날이었다. 그날도 나와 그는 크게 싸웠다.

"내가 숨을 쉬게 내버려둬. 제발!"

그가 울음을 토해내듯 소리를 질렀다.

"철썩!"

짧은 찰나에 내 뺨을 무엇인가 훑고 지나갔다. 전류가 흐르는 것처럼 찌릿했다. 멍했다. 그가, 그가, 나를 때린 것이다. 마치 소설이나 인터넷 막장 이야기에서나 있을법 한 일이 나에게 일어났다. 아팠지만, 아픔보다 무서움이 앞섰다. 맞는 게 무서운 게 아니라, 이대로 우리가 끝나버리는 게 아닐까 싶어 무서웠다.

그렇게 나를 때린 그는 어디론가 뛰어가 버렸다. 나는 5분 정도 멍하니 있다가 옷에 묻은 먼지를 털고 일어나서 그를 찾았다. 한참동안 헤매다가가 그를 찾았다. 그리고 서로 말없이 안아주고 화해를 했다. 그걸로 끝인 줄 알았다. 그게 큰일인지도, 문제가 되는지도 몰랐다.

집착과 데이트 폭력의 악순환

그가 나를 때렸던 처음에는 "그럴 수도 있지"하고 생각했다. 우연한 일로 치부했고, 그래서 주위 사람들에게 알리지도 않았다. 어쩐지 알리면 그에게 안 좋은 일이 생길 듯했다. 좀 더 솔직히 말하면 혹시 그와 헤어지게 될지도 모른다는 막연한 두려움 때문이었다. 그런데 폭력이란 참 이상했다. 처음이 어려웠지 한 번 길이 열리자 계속 찾아왔다. 그는 한 번 나를 때리더니 그 이후에는 아무렇지 않게 나를 때렸다.

그의 폭력이 횟수를 거듭하는 만큼, 나의 의심과 집착도 강해졌다. 나 혼자 감당하기엔 너무 힘들었던 시간이었다. 그러나 도움을 요청할 사람이 없었다. 예전엔 친한 친구들이 제법 있었지만 남자 친구에게만 매달리다 보니 모두 멀어져 버렸다. 나는 남자 친구 말고는 기댈 사람이 없는 외톨이었다. 그래서 어쩌면 그에게 더 의지하고 기댔는지 모르겠다.

우리는 이중인격자 같았다. 서로 사랑한다고 말하고, 이 사람이 나를 사랑하는 게 느껴지다가도, 싸우면 심한 욕설과 폭력이 오가고, 집착과 구속을 일삼았다. 언제 사랑했냐는 듯 우리는 이상하게 변해 갔다.

그러던 어느 날 올 것이 오고야 말았다. 싸움이 벌어지고, 그가 나를 때리는 장면을 몇몇 아이들과 선생님이 목격하고 말았다.

"아! 이제, 어떻게?"

정말 숨기고 싶던 비밀이, 감추고 싶었던 치부가 한 순간에 들통났다. 하지만 숨길 수도 없었다. 난 어쩔 수 없이 평소 친했던 선생님께 사실대로 털어놓았다. 소문은 순식간에 퍼졌다. 나는 사람들을 마주하기 무서워서 죄지은 사람처럼 숨어서 지냈다. 밥도 굶고, 방에서 잠만 자고 사람들과 말도 섞지 않았다. 누가 오는 것 같으면 화장실에 가서 숨었다.

내가 한심했지만 어쩔 수 없었다.

　며칠이 지나서 그는 모두가 모인 자리에서 나를 때린 것을 고백하고, 용서를 빌었다. 그의 용기에 나도 용기를 냈다. 3일 만에 기숙사를 나가서 식당에서 밥도 먹었고, 사람들과 마주하려고 마음을 먹었다. 정말 오랜만에 사람들과 만나서 이야기를 나눴다. 기분이 묘했다. 그도 슬쩍 보았다. 잘 지내는 것 같았다. 나는 씁쓸했다. 짜증도 났다. 나는 죄 지은 사람처럼 숨어서 지내는데, 어떻게 잘 지낼 수 있을까하여.

사랑을 위한 노력

　우연히 그와 말할 기회가 생겼다. 어색했지만 우리는 서로 말없이 끌어안았다. 그가 사과를 했다. 사랑하면 어쩔 수 없는지 조금 전 짜증은 어디 갔는지 모르게 사라졌고, 우리는 다시 연인이 되었다.

　그러다 내가 해외여행을 가게 되었다. 우리는 한 달 넘게 떨어져 지냈고, 그 한 달이 우리 둘을 성숙하게 만들었다. 그를 다시 만났을 때 우리는 한층 더 성숙해진 우리를 느꼈다. 내가 얼마나 그를 사랑하는지도 알게 되었다. 물론 아직도 내 집착과 구속은 여전하다. 그러나 고치려고 노력한다. 때로는 시간이 약이라는 말을 실감하면서 우리는 서로 싸우지 않으려고 애쓰며, 서로를 위해 노력한다. 다른 친구들과 관계도 많이 회복되었다. 아직 마음 한구석엔 상처가 덜 아물었지만, 그래도 나에겐 소중한 사람이고, 소중한 경험이었다.

서로 이해하고 사랑하는 게 무엇인지 이제 조금은 알 듯하다. 지금, 그와 연애하는 나는 행복하다. 앞으로 어찌 될지는 모르지만 지금 나에겐, 그것만으로 충분하다. 김신애인

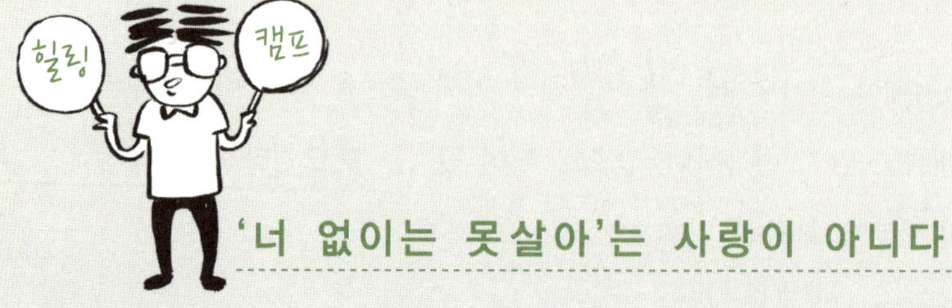

'너 없이는 못살아'는 사랑이 아니다

신애는 사랑하는 사람을 의심하고 집착했습니다. 견디다 못한 연애 상대자는 신애에게 폭력을 휘둘렀고, 집착과 폭력의 악순환이 벌어졌습니다. 헤어질까 두려워 드러내지 못하다 우연히 상황이 알려지고, 그로 인한 부끄러움과 번민으로 고통스러워했습니다. 지금은 그 고통이 잦아들었지만, 관계도 예전에 견줘 나아졌지만, 아직 문제가 완전히 해결되었다고 보긴 어렵습니다.

"나만 바라봐!"

"너 없이는 못살아!"

"네가 없는 세상은 더 이상 의미가 없어!"

대중가요에 흔히 나오는 가사인데 전 웬만하면 작사가들이 이런 가사를 안 쓰기를 바랍니다. 사랑에 대한 잘못된 인식을 심어주며, 그릇된 결과를 빚기 때문입니다. '나만 바라봐', '네가 없이는 못살아', '너 없는 세상은 의미가 없어'하고 말하는 사람을 상대하는 사람을 생각해 보십시오. 마냥 좋기만 할까요? 내가 실망을 안기면, 나와 헤어지면 저 사람 어떻게 되는 거 아니야 하는 걱정이 생기지 않을까요? 두려움이 끼어들면 솔직한 마음을 전하지 못합니다. '나만 바라봐', '너 없이는 못살아'하는 마음은 무시무시한 집착입니다. 너 없이 못산다며 집착하는 사람과 사귀는 상대는 결코 편안한 행복을 누리지 못합니다.

사랑은 소중합니다. 그러나 연애 상대가 없어도 나는 삽니다. 사랑하는 사람이 떠나간다 해서 내 삶이 망가질 이유는 전혀 없습니다. 상대가 없던 때를 떠올리면 분명해집니다. 없던 때도 큰 탈 없이 잘 살았습니다. 있으면 더 행복하지만, 없다고 불행해지고, 인생을 끝내야 할 이유는 없습니다.

『핸드폰이 사라졌다』(웬디 하머)에서 여학생인 엘리는 여느 청소년처럼 휴대전화에 미칠 듯이 집착합니다. 휴대전화가 사라지면서 위기가 찾아옵니다. 애인과도 헤어지고, 친구관계도 어그러집니다. 휴대전화가 없는 삶은 상상도 못했는데 설상가상으로 컴퓨터까지 도둑맞습니다. 엘리는 휴대전화와 컴퓨터가 없어져서 곤란을 겪기도 하지만, 휴대전화와 컴퓨터가 없음으로 인해 삶의 새로운 진리를 발견하기도 합니다. 사람과 온전히 함께한다는 것, 추억의 진정한 의미 등을 깨닫습니다.

우린 자신이 절대적인 의미를 부여하던 대상이 사라지면 마치 큰일 날 듯이 걱정하고, 두려워하지만 막상 사라지고 나면 거기에 적응해서 잘 삽니다. 내가 왜 그 대상에 집착했는지 모르겠다 싶은 마음이 들기도 합니다. 시간이 지나면 의미가 변합니다. 내가 부여하는 가치란 아무리 귀하다 해도 시간과 상황이 바뀌면 변합니다. 가치는 늘 변하고, 삶은 다양한 가치로 가득합니다. 애인도 마찬가집니다. 애인은 절대적 존재가 아닙니다. 애인이 있으면 행복하지만, 애인이 없다고 해서, 애인이 사라진다고 해서 내 인생이 망가지지는 않습니다. 애인의 위치에 친구, 부모, 선생님, 자식, 배우자를 놔도 똑같습니다. 세상 그 어떤 관계도 절대적이지 않습니다. 상대가 사라지면 자기 존재의 의미가 사라지는 관계란 없습니다. 내 인생에 절대적인 존재는 오직 자기 자신뿐입니다. (신을 믿는 이들에겐 '나'조차 절대적인 존재가 아니죠.)

그 누군가에게 절대적인 의미를 부여할 때 집착이 생깁니다. 물건에 절대적인 가치를 부여할 때 집착이 생깁니다. 어느 하나에 집착하면 자유가 사라지고, 이성적인 판단이 망가집니다. 그러다 마음이 다칩니다.

'넌 내 인생의 전부야'하며 달려드는 상대가 있다면, 웬만하면 사귀지 마시기 바랍니다. 친구 중 누군가가 절대적인 의미처럼 여겨진다면 자기 삶에 문제가 없는지 되돌아보십시오. 나이가 들었는데도 엄마나 아빠가 절대적인 존재로 여겨진다면 정신적으로 미성숙한 점이 무엇인지 살피십시오. 어른도 마찬가집니다. 자식이 절대적이라면, 배우자가 절대적인 의미를 지녔다고 판단된다면 삶이 무언가 어그러졌다고 받아들이고, 삶을 점검해 봐야 합니다.

과도한 의미 부여를 하면 필연적으로 집착합니다. 집착은 사랑이 아닙니다. 너는 너의 삶을 살고, 나는 나의 삶을 살아야 합니다. 네가 있으면 더 좋지만, 나 혼자 살아도 난 얼마든지 행복합니다. 서로 자유로워야 진정한 사랑이 가능합니다.

자유가 사라진 곳, 집착이 지배하는 관계에는 폭력이 끼어듭니다. 처음 폭력을 접하는 사람들의 반응은 '그러다 말겠지' 합니다. 하지만 절대 그러지 않습니다. 폭력이 끼어든 관계는 언제든지 다시 문제가 생기면 폭력이 발생합니다. 아주 작더라도 폭력이 오고갔다면 그 관계는 그 순간 끝내는 게 좋습니다. 사랑이 아니라 집착이 지배하는 관계기 때문입니다.

신애와 남자 친구는 힘들게 서로 사과하고 다시 애인으로 돌아갔습니다. 예전에 비해 많이 좋아졌습니다. 그러나 신애 스스로 인정하듯이 집착하는 마음이 남아 있는 한, 문제는 어떻게든 다시 생길 것입니다. 상대에게 절대적인 의미를 부여하는 한 자유는 찾아오지 않고, 자유가 없으면 집착이 사라지지 않습니다. 사랑하는 마음과 상대를 절대적으로 여기는 마음을 혼동하면 안 됩니다. 나도 자유롭고, 상대도 자유로울 때 진정한 사랑이 가능합니다. 정말 사랑한다면 먼저 자기부터 자유로워지세요. 상대의 자유도 인정하세요. 자유로운 존재로 만날 때 자신이 원하는 진정한 사랑이 다가옵니다. 자유로운 사랑은 집착으로 인한 사랑보다 훨씬 큰 기쁨을 선물합니다. 집착이 주는 사랑 따위는 감히 따라오지 못하는 거대한 사랑이 옵니다.

집착하는 건 진짜 사랑을 모르기 때문입니다. 진짜 사랑을 경험한 사람은 절대 집착하지 않습니다. 절대적인 자유를 기반으로 한 사랑을 맛본 사람은 집착에 얽매이는 수준 낮은 사랑을 다시는 하고 싶지 않습니다. 그러고 보면 진짜 사랑은 정말 하기 힘듭니다. 좋아하는 마음이야 누구에게나 찾아오지만, 진짜 사랑을 하는 능력은 누구에게나 있지는 않습니다. 진정한 사랑을 원한다면 사랑하는 능력을 기르세요. 사랑하는 능력은 진정으로 자유를 누리는 능력과 동일합니다.

10대들의 힐링캠프

아빠를 저 멀리 보내던 날

2008년 10월 1일.

"오늘은 상근이 형 집에서 자라."

엄마가 말했다.

"아싸!"

우리 집엔 마리아 고모가 와 있었고 나는 마리아 고모 차를 타고 얼른 상근이 형 집으로 갔다. 마리아 고모는 진짜 고모가 아니고 아빠 친구다. 내가 아주 어렸을 때부터 봤던 사람이다. 상근이 형 집에 도착해 바로 이불을 펴고 누워서 이런저런 얘기를 했다. 평소에 자주 만나는 사이라 별 할 말도 없었지만 오늘 운동회와 관련한 이야기를 신나게 나누다가 나도 모르게 잠들었다.

"하은아! 일어나, 빨리!"

고모가 날 급하게 깨웠다. 오늘은 분명 학교를 안 가는 토요일인데, 왜 날 깨우는 걸까? 내가 엄청 늦게까지 잔 건가? 난 실눈을 떠 바로 위에 있는 시계를 봤다. 7시 10분이다. 이런, 도대체 학교도 안 가는 토요일에 이렇게 빨리 왜 날 깨우는 거야? 난 짜증이 났다. 안 그래도 어제 운동회 때문에 피곤한데 대체 무슨 일이기에 이렇게 일찍 깨우느냐는 말이다.

"아, 왜?"

난 조금 짜증 섞인 투로 말했다.

"야, 빨리 일어나 급해!"

고모는 내 말을 무시하고 일어나라고 재촉했다. 난 어쩔 수 없이 일어났고, 일어나자마자 이유도 모른 채 고모 차를 타고 집으로 다시 갔다.

"빨리 옷 갈아입어."

"응? 옷?"

영문도 모른 채 안방으로 들어가 주섬주섬 아무 옷이나 갈아입었다. 시월 초라 그런지 날씨가 제법 쌀쌀했다. 바지를 갈아입고 위 옷을 입고 머리가 반쯤 나올 쯤에 머리를 빼주면서 고모가 갑자기 나를 끌어안았다.

"하은아, 아빠가 돌아가셨대."

고모는 울음을 터트렸다. 순간 너무 당황했다. 정말 무슨 말을 해야 할지 완전히 말문이 막혔다. 꿈인가? 아니다. 꿈은 분명 아니다. 너무도 생생한 현실이다. 너무 엄청난 소식이어서일까? 난 아무런 느낌도 감정도 생기지 않았다. 내 감정은 빙산처럼 얼어붙었다.

"기범이 삼촌이 올 거야. 그 차를 타고 가."

고모는 날 두고 먼저 갔고, 나는 마당에서 삼촌을 기다렸다. 잠시 후 기범이 삼촌이 왔다. 나는 차에 타고 아무 말도 하지 않았다. 완벽한 적막이 차 안을 지배했다. 낡은 차라서 덜컹거리는 소리가 엄청 나는데도 내 귀엔 아무런 소리가 들리지 않았다. 그저 세상 전체가 침묵에 잠긴 듯했다.

"원래 예쁜 꽃은 하느님이 먼저 꺾어 가신대."

기범이 삼촌이 적막을 깨뜨리는 말을 했다. 그 말이 도화선이 되었다. 얼어붙었던 내 감정에 불이 붙었다. 울음이 터져 나오는데 멈출 수가 없었다. 차를 타고 가는 내내 너무 울어서 머리에 쥐가 날 정도였다. 기범이 삼촌이 통곡하는 나를 그냥 내버려두었다.

"내리자."

기범이 삼촌이 하는 말을 따라 난 무작정 차에서 내렸다. 영안실인 줄 알았는데 약국이었다.

"청심환이라도 먹어야지 안 되겠다."

약국에 들어가 청심환 1개를 사 삼촌이랑 나는 반반씩 나눠 먹었다. 청심환은 「센과 치히로」에 나오는 오물 같았다. 절대 먹고 싶지 않은 더러운 오물 맛! 다시 차에 타니 곧바로 병원 주차장이었다. 병원 바로 앞 호수 벤치에 앉아있던 엄마가 일어났다. 엄마 눈은 퉁퉁 부어 있었다. 엄마 옆에는 평소에 친하게 지내던 분들이 여럿 계셨다.

"아빠는?"

내 목소리가 떨려 나왔다.

"아빠 보러 갈래?"

"응."

엄마랑 나는 순을 붙잡고 영안실로 들어갔다. 어떤 사람이 있었다.

"성함이?"

"황시백입니다."

그 사람이 6이라고 쓴 종이가 붙은 엄청 큰 냉장고를 열었다. 냉장고 속에 든 아빠는 아직은 따뜻했다.

장례식을 하는 동안 몇 백 명의 사람들과 맞절하느라 온몸이 뻐근했다. 장례식장에서는 그냥 사람들이 너무 울어서 그냥 나도 울었다. 아빠는 화장을 했다. 우리 집 바로 옆에 아빠를 묻고 그 위에 자작나무를 심었다. 수목장이다. 저렇게 하면 아빠가 나무로 다시 살아나는 걸까? 든든한 버팀목이었던 아빠가 사라지니 가슴 한쪽이 뻥 뚫린 기분이었다.

아버지의 이름으로

아빠가 돌아가신 뒤 난 중학교에 입학했다. 아빠는 선생님들 사이에서는 아주 유명한 분이셨다. 선생님들 대부분이 나를 알았다. 그게 학기 초에는 별 상관이 없었다. 그러나 내가 나쁜 길로 빠지면서 문제가 되었다. 어느 날 나는 친구와 함께 점심시간에 밖에 나가 담배를 피다가 걸렸다. 교무실로 불려갔고 선생님께 꾸중을 들었다. 한참 꾸중을 듣는데 그 선생님이 이렇게 말씀하셨다.

"너희 아버지가 얼마나 훌륭하신 분인데, 넌 어떻게 그러니?"

너희 아버지, 너희 아버지가 훌륭하신 분? 그게 나와 무슨 상관이람.

그 뒤 주위 선생님들이, 주위 어른들이 날 그런 눈으로 대하는 걸 확연히 느꼈다. 어쩌면 그런 시선이 비뚤어져 가던 내 마음을 더 비뚤어지게 만들었는지도 모른다. 나는 늘 '날라리'까지는 좋지만 양아치는 되지 말자고 다짐했다. 내 주관적인 판단이긴 하지만 날라리와 양아치는 확연히 다르다고 믿었다. 남들이 보기엔 날라리나 양아치가 종이 한 장 차이겠지만 난 본질적으로 다르다고 확신했다. 그런데 주위의 시선으로 인해 난 그렇게 되지 말자던 양아치처럼 행동하고 다녔다. 난 학교생활을 하면서 계속 사고를 쳤고, 그때마다 선생님들은 '너희 아버지가 얼마나…'하는 얘기를 꺼내셨다. 난 그런 말에 신경도 쓰지 않았고, 오히려 더 삐뚤게 행동했다.

'훌륭한 부모를 두었다면 무조건 모범생이어야 하나?'

'학생이 사고를 치고 다니면 안 되나?'

그런 반항심이 가슴 한구석에 단단하게 똬리를 틀었다. 그러던 어느 날, 엄마는 나를 야단쳤고, 난 엄마 말을 따르지 않고 말대꾸를 했다. 심한 말다툼을 벌였다. 한두 번도 아니고 늘 사고를 치고 다니니 지금 생각하면 엄마는 당연히 날 야단칠 만했다. 그러나 난 받아들이지 않았고, 말다툼이 격렬하게 벌어졌다. 그러다 실수로 엄마를 밀었고, 엄마는 뒤로 넘어졌다. 넘어진 엄마는 몹시 아파했고, 병원에 가서 확인해 보니 꼬리뼈 쪽에 이상이 생겼다고 했다. 엄마는 입원을 했다. 얼마 뒤 형이 집에 왔다. 형은 오자마자 날 심하게 꾸짖었다.

"야, 이 패륜아 새끼야!"

형은 날 때렸다. 정말 엄청나게 팼다. 패륜아! 가슴이 찢어질 듯한 말이지만, 형이 한 말이 맞았다. 엄마를 다치게 한 패륜아! 형은 분노에 차서 날 두들겨 팼고, 난 난생 처음 그렇게 심하게 맞았다. 형에게 얻어맞고 난 뒤 '내가 이대로 살면 안 되겠구나'하는 생각이 들었다. 아빠를 잃은 슬픔으로, 아버지의 자식으로 날 대하는 주위 시선에 대한 반항심으로, 양아치처럼 사는 내 생활을 더 이상 끌고 가지 않아야겠다고 결심했다.

아빠의 자작나무

나는 일반 학교를 그만두고 대안학교인 샨티학교에 입학했다. 양아치 짓을 안 하겠다고 결심했지만 샨티학교에 와서도 몸에 밴 습관이 쉽게 사라지지 않았다. 일반 학교 다닐 때처럼 꾸준히 사고를 쳤다. 결심을 해도 몸이 따라주질 않았다. 내게 기타를 가르쳐 주시던 선생님이 "넌 기타를 배우기 전에 인간이 되어야 해."하셨는데, 샨티학교에 와서도 낡은 습관에서 벗어나기는 정말 쉽지 않았다.

이제 아빠가 자작나무 밑에 묻힌 지 4년이 지났다. 올해 들어서야 난 내 삶을 조금씩 바꿔간다. 내가 이렇게 사는 걸 보면 아빠가 뭐라고 하실까도 고민한다. 예전엔 아버지의 이름으로 날 바라보는 시선이 싫기만 했는데, 이젠 내가 아빠를 의식한다. 아빠를 떠올리면 부끄러운 생각이 많이 든다. 아빠에게 부끄럽지 않은 아들이 되고 싶다는 결심도 한다. 주위에서 "너희 아버지가 어떤 분인데"하는 말이 사라졌기 때문일까, 아니면 있는 그대로 나로 사는 게 얼마나 중요한지 숱하게 들어서일까? 어쩌면 이제야 내가 아빠를 잃은 슬픔을 조금씩 제대로 바라보는지도 모른다.

아무튼 요즘 들어 아빠 생각이 많이 난다. 며칠 전에 집에 갔을 때 아빠를 품은 자작나무를 한참 바라보았다. 자작나무가 예전보다 조금 야윈 듯했다. 아빠를 닮은 자작나무가 야위어서 걱정이다. 황하은인

아버지라는 이름의 무게

하은이는 아빠를 잃었습니다. 아빠를 잃은 슬픔을 제대로 토해내기도 전에 아빠의 이름으로 자기 삶을 재단하는 어른들의 간섭에 마냥 비뚤어졌습니다. 슬픔과 방황, 고통의 시간을 보냈습니다.

슬픔이 찾아오면 슬퍼해야 합니다. 고통이 찾아오면 고통스러워해야 합니다. 너무 빨리 거기서 벗어나려 하면 안 됩니다. 짧게 슬퍼하고, 짧게 고통을 겪은 뒤에 빨리 벗어나면 좋을 듯하지만 꼭 그렇지만도 않습니다. 떠나가신 분을 충분히 애도하지 않으면 오히려 문제가 생깁니다. 고통을 충분히 겪지 못하면 고통이 준 상처에 계속 얽매입니다.

『그리운 메이 아줌마』(신시아 라일런트)의 서머는 사랑하는 메이 아줌마를 잃었습니다. 자신을 입양해서 처음으로 깊은 사랑을 준 메이 아줌마를 떠나보낸 뒤에 서머는 이별의 고통에 몸부림칩니다. 그런데 충분히 아파하지 못했습니다. 아저씨도 마찬가지였죠. 아내가 떠났는데도 아내가 떠났다는 사실조차 받아들이지 못합니다. 충분히 슬퍼한 뒤에야, 아픔을 충분히 겪은 뒤에야 서머는 메이 아줌마가 떠났다는 사실을 받아들입니다. 아저씨도 충분히 애도한 뒤에 현실의 삶으로 돌아옵니다.

너무 오랫동안 과거의 아픔에 얽매이면 현실의 삶이 망가집니다. 반면에 너무 쉽게 과거의 아픔을 지워버리면 마찬가지로 현실의 삶이 망가집니다. 충분히 아파하되, 너무 오랫동안 아픔에 얽매이지 않아야 합니다. 그래야 현재의 삶이 건강해지지요. 하은이는 이제야 아빠가 떠났다는 사실을 받아들이기 시작했고, 아빠의 자작나무가 야윈 걸 걱정할 정도로 성숙해졌습니다.

마지막으로 하은이를 비롯한 이 땅의 아들들에게 꼭 해주고 싶은 말이 있습니다.

"여러분도 언젠가 아버지가 됩니다. 여러분도 언젠가 누군가의 아버지가 됩니다. 여러분은 과연 어떤 아버지가 되고 싶은가요?"

내가 어떤 아버지가 될지를 떠올리면 지금 내가 어떻게 살아야하는지가 보입니다. 아버지란 자리, 결코 아무나 되는 자리가 아닙니다. 아버지란 이름이 주는 무게는 결코 가볍지 않습니다. 아버지란 자리가 주는 무게를 제대로 느낄 때, 여러분은 훌륭한 아버지가 될 것이고, 여러분의 자식들이 자랑스러워하는 아버지가 될 것입니다.

내 아픔에만 머물면 절망에서 벗어나기 어렵습니다.

내 아픔만 돌보면 내 아픔의 크기에 고통스럽기만 합니다.

내 아픔을 넘어 남의 아픔을 돌보면서 내 아픔을 다독일 힘이 생깁니다.

타인의 아픔을 쓰다듬을 때 내 아픔도 덩달아 아뭅니다.

친구의 상처를 어루만지며 내 상처를 보듬는다

학교는 시궁창이다

문석규, 김태진을 인터뷰하다

나는 중학교를 들어간 지 1년 후에 태진이를 만났다. 태진이는 내가 학교 현실, 선생님들의 수준, 교육의 문제점 등을 지적하면 주의 깊게 들어주고, 때론 적극적으로 조언해주고, 때론 함께 비판을 했던 더 없이 좋은 친구다. 중학교가 정말 싫었지만 그나마 태진이와 함께였기 때문에 즐거웠다. 마음이 통했던 우리는 졸업 뒤 같은 길을 가고자 했지만 부모님의 경제력 차이로 인해 다른 길을 가야만 했다. 우린 둘 다 대안학교로 가고 싶었다. 나보다 태진이가 대안학교에 훨씬 잘 어울렸지만, 태진이는 일반 학교에 다녀야만 했다. 고등학교부터 서로 다른 길을 가다 보니 서로의 처지가 너무 달라졌다. 나는 행복하지만, 태진이는 지금 불행하다.

태진이는 진주에서 태어나 5살 때 부산으로 이사 온 뒤에 계속 부산에서 살았다. 태진이는 어려서부터 평범한 가정에 평범한 애로 지냈다. 남들과 조금 다르다면 학업에 크게 신경 쓰지 않는 가정환경 때문에 학교 공부 외에 다른 경험을 할 기회가 많았고, 그 덕분에 글을 쓰고 읽는 걸 매우 좋아하게 되었다. 나이 차이가 많이 나는 형 덕분에 어른 세계를 이른 나이에 많이 접했다는 점도 남과 달랐다.

가정환경도 그렇고, 자기 자신도 공부에 별 관심이 없었던 터라 태진이는 거의 학원을 다니지 않았다. 가출과 반항을 PC방 가듯했던 나와 달리 태진이는 어렸을 때부터 부모님의 뜻을 거스르는 행동을 거의 하지 않았다. 성적은 항상 중하위권에 머물렀다. 남 앞에 나서기보다 뒤에서 가만히 지켜보는 걸 선호하는 성격이다.

160cm가 조금 넘는 키에 몸무게는 70kg으로 조금 통통한 듯 보이지만 헬스를 해서 몸이 단단하다. 얼굴은 여드름 없이 깔끔하지만 약간 각지고 볼 살이 살짝 통통하다. 머리카락은 정수리의 둘레 가마를 중심으로 뱅글뱅글 돌아났다. 교복을 안 입을 때는 헐렁한 면 통바지와 면 티셔츠 위에 추리닝을 슬쩍 걸치고 지내길 좋아한다.

한순간에 날아간 습작

언제 가장 힘들었냐는 질문을 던지자 자신이 초등학교 때부터 모아오던 글이 실수로 한순간에 날아갔을 때라고 말했다.

"초등학교 때 우연히 쓴 시로 반 전체의 박수를 받았어. 그 뒤로 재미있는 소설이나 만화를 볼 때마다 그렇게 하지 못하는 나로 인해 열등감이 생겼지. 그걸 이겨내려고 하루하루 습작을 컴퓨터에 쌓아 나갔어. 그 컴퓨터는 거의 나만 쓰는 거라 내가 쓴 습작들을 따로 보관할 생각도 안 했어. 그러던 어느 날 생각지도 않게 컴퓨터가 고장 났어. 내 글이 완전히 날아가면 어쩌나 싶어 난 안절부절 못하며 컴퓨터를 고쳤지. 하지만 실패했어. 결국 컴퓨터를 살리려면 포맷을 하는 수밖에 없었어. 그때, 와! 정말, 그 순간 절망감은 이루 말할 수가 없더라. 한순간에 내 인생 전체가 날아가 버린 기분이랄까? 보고, 듣고, 느끼고, 만지며 애지중지 키웠던 내 글들이, 내 사랑스런 글들이 한순간에 세상 밖으로 사라져 버리다니, 그 상실감에 정말 미치는 줄 알았어."

'인생 전체가 날아간 기분', '세상 밖으로 사라져 버리다니', '상실감에 미치는 줄 알았어!'와 같은 감정이 어떤지 나는 잘 안다. 나야말로 상실감에 돌아버릴 지경이 되어 살아왔으니까. 그런데 태진이의 표현은 큰데, 내게 전해지는 느낌은 별로 크지 않았다. 진심으로 그게 힘들었는지 의심스러웠다. 난 솔직하게 내 느낌을 말했다.

"그게 그렇게 큰 상실감이었다면서, 말은 담담하네. 말처럼 그렇게 크게 충격 받지는 않았나 봐?"

"당연하지. 왜냐하면 더 힘든 일이 지금 나에게 닥쳤으니까."

가난과 스트레스에 찌든 삶

태진이는 자신이 다니는 고등학교에 대해 말을 꺼냈다. 태진이 말을 전하면 이렇다.

태진이가 사는 동네의 고등학교는 인문계지만 수준은 실업계와 비슷했다. 태진이가 사는 동네는 허름한 주택이 주를 이룬다. 대충 학교 환경이 짐작이 갈 것이다. 가난한 환경, 그러나 부유한 집과 똑같이 가해지는 성적에 대한 압박감, 부모님들의 닦달은 대다수 학생들에게 지독한 스트레스였다. 제대로 된 교육을 받을 기회조차 얻지 못한 채 스트레스에 노출된 그들은 PC방과 노래방을 전전하면서 한순간의 향락에 찌들어갔다.

돈이 있는 집안의 아이들이 많은 돈을 투자하며 학원에 다닐 때, 태진이네 학교 아이들은 그럴 기회조차 얻지 못했다. 그러다 보니 대부분의 학생들이 자신의 신세를 한탄하며 내보일 게 없는 자신을 힘과 겉멋으로 포장했다. 중학교 때는 빈부 격차가 노골적으로 드러나지 않았지만, 고등학교때가 되자 부자인 아이들은 다른 학교로 빠지고, 가난한 아이들이 한 학교로 몰리면서 문제가 심각하게 드러났다.

새벽에 등교해서 저녁 10시가 지나 집에 돌아오는 생활은 숨통을 조였다. 중학교 때 심하게 비판했던 선생님들이 고등학교 때 만난 선생님들과 견주면 오히려 훌륭한 선생님처럼 느껴질 정도였다. 대학과 돈벌이 외에는 아무런 관심이 없는 선생님들이 넘쳐났다. 학생들의 불량한 태도에 그 어떤 제제도 가하지 않고 수수방관하며 기계처럼 수업을 하는 선생님들에게서 절망 외에는 아무것도 느끼지 못했다.

그런 환경에서 주위 아이들의 폭력은 극에 달했다. 조금만 심기를 건드려도 날카롭게 반응하고, 조금 심하면 마구 폭력을 휘둘렀다. 친구는 친구 같지 않았다. 서로 딱딱하고 차갑게 서로를 대한다. 진지한 미래 고민이나, 가정 문제를 솔직하게 털어놓기는 불가능에 가깝다. 대부분 부모님들이 너무나 바쁘고 가난에 찌들어 살기 때문에 어릴 때부터 어리광도 제대로 피우지 못하고, 대학을 가도 등록금을 대줄 만한 환경이 아니었다. 희망이 사라진 곳, 오직 절망만 넘쳐나는 학교였다.

그나마 조금 친하게 지내는 친구들끼리 얘기를 나누다 보면 자신들이 마치 조울증에 걸린 환자처럼 느껴지는 경우가 많았다. 친한 친구들 앞에서는 속에 쌓인 분노와 스트레스를 드러내지만, 강한 아이들이나 선생님 앞에서는 주눅이 들어 노예처럼 눈치를 보며 지내기 때문이다. 속에 스트레스와 분노가 쌓이지만 강자들의 눈치를 보고 살아야 하는 삶을 몇 년씩 계속한다는 건 정말 끔찍한 일이다.

나는 나랑 너무나 다른 환경에서 사는 태진이의 처지에 할 말을 잃었다. 어떻게, 그런 환경에서 사람이 살아갈까? 그게 인간으로서 버틸 수 있는 환경일까? 숨 막히는 가정환경을 견디지 못해 가출을 일삼던 예전의 나를 떠올리니 아무렇지 않은 듯 포장하며 다니는 그 학교 아이들의 가슴에 얼마나 분노와 한이 쌓였을지 짐작조차 하기 힘들었다.

꿈 꿀 자유조차 빼앗는 학교

"나도 처음엔 정말 견디기 힘들었어. 무서운 건, 내가 거기에 길들여져 간다는 거야."

태진이의 절망은 계속 깊어 갔다.

"우리 학교에 음악을 잘하는 아이가 있었어. 다른 반이라 말 한마디 섞어보지 못했지만 그는 기타 연주를 아주 잘했다고 해. 그리고 작곡에도 상당한 관심을 기울였다는 거야. 제법 소문이 난 걸 보면 실력이 상당했나 봐. 그런데 싱어송 라이터가 되고 싶었던 그 애는 자신의 꿈을 위해 학교를 그만두었어.

우리 반에는 그림을 잘 그리는 아이가 있었어. 그는 그림을 그리고 싶었지. 그런 꿈을 지닌 그는 모두의 비웃음거리였어. 나는 그를 비웃지 않았어. 소중한 꿈이니까. 그는 수개월 동안 고민하다가 최근에 결정을 내렸어. 미술을 포기하고 공부에 전념하기로.

생각해보면 정말 웃기지 않냐? 어떤 아이는 음악시간이 있는데도 음악을 배우기 위해 학교를 그만두고, 어떤 아이는 미술시간이 있는데도 미술을 포기하겠다고 결심하고. 그런데 나도 그런 아이들 중 하나라는 거야. 학교에서 국어 수업을 하는데도 문학을 하려면 다른 책을 읽어야 하잖아. 정말 이해가 가지 않아. 정말 절망스러워."

난 아무 말도 못했다. 내 처지와 너무 달랐기 때문이다. 나는 젬배를 치는 뮤지션이 부러워 젬배를 배웠고, 드럼 소리에 끌려 드럼을 배웠고, 난타의 흥분에 못 이겨 난타를 배웠다. 영어 공부가 하고 싶으면 영어 공부를 하고, 글쓰기를 하고 싶으면 글을 쓴다. 놀고 싶으면 몇 시간이고 미친 듯이 그냥 논다. 노래 부르고 싶으면 노래 부르고, 뛰고 싶으면 마라톤을 한다. 읽고 싶은 책은 언제든지 읽으며, 토론하고 싶으면 언제라도 토론이 가능하다.

나는 샨티학교에서 당연하게 누리는 생활이 얼마나 특별한지 깨달았다. 이런 나였기에, 태진이와 정반대 생활을 하는 나였기에, 아무런 위로를 전하지 못했다. 깜깜한 절벽을 마주한 듯한 태진이의 말을 고통스럽게 들을 뿐이었다.

시궁창에서도 연꽃이 필까?

"말했지. 나도 길들여져 간다고. 처음엔 저항하다가 성적과 입시에 계속 스트레스를 받다 보니까 자기계발이나 독서는 꿈도 꾸지 않아. 오직 나를 옥죄는 성적과 돈의 굴레에서 벗어나고 싶은 욕망밖에 없어. 어떻게 하면 쉽게 성적을 올릴까만 고민해. 중학교 때는 너와 같이 사회, 문학, 정치 등을 주제로 다양하게 토론해서 정말 행복했는데, 지금은 게임 아니면 공부 얘기뿐이야. 아니면 말도 되지 않는 쓰레기같은 얘기들뿐이야."

인터뷰를 마치기 전에 난 겨우 한 마디를 건넸다.

"힘내라."

글쎄, 이 말을 듣고 태진이가 힘을 낼까? 시궁창에서 연꽃이 피어나듯 시궁창 같은 학교에서 연꽃 같은 삶을 꽃 피워낼까?

"그래도 속 시원하게 털어놓으니 기분이 좋다."

과연 속이 시원할까? 답답하다. 이 암울한 현실이, 학교를 시궁창으로 만들어 놓고 거기에서 우리를 뒹굴게 하는 어른들을 향한 분노가 치솟았다.

고통은 또 다른 희망이다

〈샨티학교〉에서 글쓰기 수업을 하다가 학생들에게 일반 학교에 다니는 친구들의 아픔과 고민을 인터뷰 해 오라는 과제를 제시했습니다. 이러한 과제를 제시하는 이유는 다음과 같습니다.

첫째, 다르게 사는 아이들을 살펴보라는 뜻이었습니다. 〈샨티학교〉 학생들은 다르게 삽니다. 예전엔 일반 학교 학생들처럼 살았지만 지금은 대안학교 학생으로 자유와 선택을 만끽하며 지내지요. 물론 대안학교가 천국은 아닙니다. 그 안에도 고민과 갈등이 존재하고, 힘겨움은 종류만 다를 뿐 여전합니다. 다른 점은 상처를 드러내고 치유하며, 진솔한 관계를 지향하며, 자신이 정말 원하는 일을 스스로 찾는다는 정도지요. 다르게 산지 얼마 되지 않았음에도 샨티 학생들은 일반 학교 학생들을 잘 이해하지 못합니다. 왜 그렇게 사는지, 무엇을 고민하는지 잘 모릅니다. 개

10대들의 힐링캠프

구리 올챙이 적 시절 잊듯이 말이지요. 그래서 다른 친구들의 아픔이 무엇인지 살펴보라고 했습니다. 다른 사람을 이해하는 힘을 키우기 위함입니다.

둘째, 자기 아픔이 절대적이란 생각에서 벗어나라는 뜻이었습니다. 타인의 죽을 병보다 가시에 찔린 내 고통을 더 크게 느끼는 게 사람입니다. 그만큼 자기중심성이 강하지요. 다른 사람의 상처를 이해하는 과정에서 자기 상처가 절대적이 아님을 느끼는 경험은 매우 중요합니다. 자기 상처의 크기가 줄어들면서 상처를 극복할 힘이 생기기 때문입니다.

셋째, 자기 상처를 치유하는데 도움이 됩니다. 자신의 상처를 치유하기 위해서는 자기 아픔을 드러내고 돌보는 과정도 필요하지만, 남의 아픔에 공감하고 다른 사람을 치유하는 과정도 필요합니다. 남을 돌보는 과정은 단지 남을 위하는 과정이 아닙니다. 남을 돌보면서 자기 자신도 치유됩니다.

인터뷰 내용은 예상했던 대로 공부와 학교로 꽉 찼습니다. 학교와 공부가 이 시대 10대 청소년들이 겪는 스트레스의 근원이니 당연합니다. 당연하긴 하지만 솔직히 조금 아쉬웠습니다. 깊이 숨겨놓은 내면의 상처와 아픔이 드러나지 않았기 때문이지요. 하긴 상처와 아픔이 드러나길 바라는 건 제 욕심인지도 모릅니다. 상처가 상처인 줄도 모르고 지내는 10대들이 대부분이니까요. 상처를 드러내도 그게 보호받고, 치유 받을 거라는 믿음이 없기 때문이기도 합니다.

아쉽기는 했지만 그럼에도 아픔이 많이 드러나기도 했습니다.

…… 생각해보면 정말 웃기지 않냐. 어떤 아이는 음악시간이 있는데도 음악을 배우기 위해 학교를 그만두고, 어떤 아이는 미술시간이 있는데도 미술을 포기하겠다고 결심하고. 그런데 나도 그런 아이들 중 하나라는 거야. 학교에서 국어 수업을 하는데도 문학을 하려면 다른 책을 읽어야 하잖아. 정말 이해가 가지 않아. 정말 절망스러워. ……

태진이의 절규입니다. 태진이를 인터뷰한 석규는 자기 처지가 감사합니다. 자신은 대안학교에 다니며 하고 싶은 걸 마음껏 누리기 때문이지요. 새삼 부모님께 고마움을 느낍니다. 예전에 가출과 반항으로 부모님을 무지 속상하게 했던 석규이기에 이런 깨달음은 더욱 소중합니다. 난 비정상이야 하며 자신을 부정적으로 보는 데서 벗어나 자기 삶을 더욱 긍정적으로 보게 됩니다. 또한 과거와 달리 정당한 분노도 합니다. 학교를 시궁창으로 만들어 놓고 청소년들을 뒹굴게 하는 어른들, 세상을 향한 분노를 터트립니다. '시궁창에서 연꽃이 필까?'하는 지극히 당연한 의문도 던집니다. 시민운동가를 꿈꾸는 석규에게 태진이의 삶은 자기 삶의 목표를 더욱 분명하게 합니다.

석규의 깨달음은 절 기쁘게 했지만, 태진이의 절규는 제 가슴을 많이 아프게 했습니다. 재능이 넘치는 태진이가 세상을 어둡게만 보는데서 안타까움을 느꼈습니다. 마치 지금 시궁창이면 영원히 시궁창에서 뒹굴 거란 절망에 사로잡힌 듯하여 안쓰러웠습니다.

『죽은 시인의 사회』(N.H.클리안바움)에서 닉은 키팅 선생님을 만나 새로운 길에 눈을 뜹니다. 카르페 디엠(지금 이 순간을 즐겨라)란 가르침을 그대로 실천합니다. 닉은 정말 하고 싶었던 연극을 하고, 꿈에 그리던 무대에도 섭니다. 관객들이 극찬하고 모두들 우레와 같은 박수를 보냅니다. 오직 단 한 사람, 의사로 성공하길 바랐던 아버지만이 닉의 꿈을 반대합니다. 그동안 단 한 번도 아버지의 뜻에 반하는 삶을 살지 않았던 닉은 넘을 수 없는 아버지의 벽에 절망합니다. 그러곤 스스로 목숨을 끊고 말지요.

닉의 죽음을 접하며 울음 밖에 나오지 않았습니다. 그리고 너무나 안타까웠습니다. 다른 선택도 가능한데, 지금 못하더라도 나중에라도 원하는 삶을 살 기회는 찾아오는데, 죽음 선택하다니 정말 가슴이 미어졌습니다. 『플랜더스의 개』(위다)에서 네로도 닉과 비슷한 선택을 합니다. 온 힘을 다해 그렸던 미술 작품이 당선되지 못하자 네로는 절망에 빠져 죽음을 택하고 맙니다. 절망이 너무 큰 탓이었죠.

태진이 말대로 학교는 시궁창에 가깝습니다. 그러나 학교가 시궁창이라고, 세상이 시궁창이라고, 인생도 시궁창이지는 않습니다. 연꽃은 시궁창 속에서 화려한 꽃을 피웁니다. 삶도 마찬가집니다. 도리어 시궁창에서 굴러보았기에 더 찬란한 꽃을 피울지도 모릅니다. 절망하지 마십시오. 아프더라도 닉과 네로처럼 절망에 휘둘리지 마세요. 연꽃의 찬란함을 꿈꾸세요. 태진이는 시를 즐겨 쓰는데, 시궁창에서 피어난 시가 세상을 밝고 깨끗하게 할지도 모릅니다. 미래는 모릅니다. 세상에 미리 정해진 건 없습니다. 인생은 새옹지마(塞翁之馬)라 합니다. 지금의 고통이 미래의 찬란한 빛이 되지 말란 법은 없습니다. 고통은 또 다른 희망입니다.

친구야, 외로움도 소중한 거야

황고운, 반유진을 인터뷰하다

며칠 전부터 인터뷰를 하겠다고 재촉을 했던 터라 유진이는 흔쾌히 자기 얘기를 해줬다. 유진이는 나와 예전 대안학교에서 3년을 같이 지냈던 친구다. 유진이와 떨어져 지낸 지 2년, '유진이의 지금'이 나에게는 낯설다.

내가 아는 유진이는 애교가 많고 붙임성이 좋아서 누구든 편하게 대하는 애다. 욕심이 많고, 자존심도 강하지만 마음이 여려서 자주 상처받고, 눈물이 많다. 어떤 때는 밥을 같이 먹으러 가지 않았다는 이유만으로 삐질 만큼 쫀쫀하기도 했다.

살면서 힘들었던 경험을 물었더니 요즘이 가장 힘들다는 대답이 돌아왔다.

"난 요즘이 제일 힘들어. 정말 살면서 '아! 너무 힘들다'는 경험을 해

보지 못했지만, 지금 그 말이 절로 입에서 나와. 정말 요즘 너무 너무 힘들어.”

요즘이 힘들다고 하면서도 유진이의 목소리는 밝았다. 힘든 일이 있어도 금방 잊어버리는 건지, 아니면 괜찮은 척하는 건지 짐작이 가지 않았다.

“요즘이 가장 힘들어?”

내가 되물었다.

“응. 사실 그때 학교 나오고 고등학교에 처음 들어갈 때부터 힘들었어.”

유진이는 나와 함께 대안 중학교를 다니다 그만둔 뒤에, 나와 달리 일반 고등학교로 진학했다.

“다른 애들은 중학교 때부터 서로 다 알던 애들인데 그 사이에 난 혼자니까 정말 힘들었어.”

조금 전보다 유진이의 목소리가 조금 어두워졌다. 유진이는 대안학교를 다닐 때는 강원도에 살다가, 학교를 나가기 직전에 용인으로 이사를 했다. 그래서 용인에는 아는 사람이 아무도 없었다.

“그땐 1학년이어서 그런지 다른 애들도 서로 서먹서먹하더라고. 그래서 반 애들이랑은 나름대로 친하게 지냈어. 그런데 요즘은 반에서 같이 다니는 애가 없어. 2학년이 되니깐 애들이 삼삼오오 다 모여서 노는 거야. 그러다 보니 1년이 다 끝나 가는 데도 뭔가 겉돌고 있는 느낌이야.”

그럼 왕따! 난 놀랐지만 놀라지 않은 척하려고 애썼다.

"그렇다고 왕따는 아니다!"

왕따가 아니라니 다행이었다. 유진이는 웃으며 말을 이어갔다.

"나름 친하게는 지내는데 겉으로만 친하다는 거야. 편하게 속 얘기를 할 만한 친구가 없어. 그냥 장난도 치고 놀기는 하는데 마음이 허해. 특히 난 체육 시간이 제일 싫어. 체육 시간에는 강당에 모아놓고 마음대로 운동하라고 하거든. 그러다보면 애들은 친한 애들끼리 모여서 얘기하는데, 난 늘 혼자거든."

외로움을 확인하는 시간이 무서워

유진이의 목소리는 점점 더 어두워졌다. 곧 울 것만 같았다. 무서워서 혼자 화장실도 못 가는 유진이가, 외로운 걸 끔찍이 싫어하던 유진이가, 외롭다고 하소연을 하니 마음이 아팠다. 질투심이 많아서 다른 애들이 친해 보이면 부러웠을 텐데 어떻게 참았을까? 자존심이 세기 때문에 부럽다는 말도 못했을 것 같은데, 이런저런 염려가 날 짓눌렀다.

"난 체육 시간이 제일 싫어. 부정하고 싶거든. '난 친한 친구도 많아. 혼자가 아니야' 하고 싶어. 그런데 아무리 부정하려 해도 체육 시간엔 혼자잖아. 그러니깐 부정할 수도 없는 거야."

유진이는 결국 울먹거렸다. 나는 무슨 말을 해야 할지 몰라 당황했다. 고작 내뱉은 말이 "힘들겠다."였다.

"응. 힘들어. 그게 지금 가장 힘들어."

휴대 전화 너머로 유진이가 눈물 닦는 모습이 보이는 듯했다.

난 유진이가 그런 상황인지 짐작도 하지 못했다. 2년 전에는 밥 먹다가 돌 씹은 일까지 서로 아는 사이였는데, 사는 게 달라지니 정말 많이 멀어졌구나 싶었다. 늘 같은 장소에서 같은 길을 걸었던 우리가 지금은 너무나도 다른 길을 걷는다. 유진이는 학교에서 9시까지 공부를 하고 어두운 밤거리를 걸으며 나와 통화를 하는 중이다. 나는 샨티학교 학생회장으로 학생회의를 끝내고 청소를 하며 전화를 한다. 달라도 너무나 다른 서로의 삶에 지독한 이질감이 몰려왔다.

여태껏 우린 서로가 변하는 게 익숙하지 않아서 늘 예전으로 머물고 싶어 했다. 연락을 하면 늘 예전 얘기를 했고, 오랜만에 만나도 늘 예전 얘기를 하고 그리워했다. 그러다보니 서로 지금 마음이 어떻고, 지금은 어떻게 살고 있는지 알려고 하질 않았다. 전화를 하면서 지금 유진이가 무엇을 고민하는지, 왜 힘들어하는지 알았다. 지금의 내 얘기도 했다. 정말 오랜만에 우린 옛날이 아니라 지금을 이야기했다.

외로움은 당연한 거야

유진이와 친구로 지낸 지 5년이 넘어 간다. 5년 동안 유진이는 늘 내게 먼저 다가왔다. 이젠 내가 먼저 유진이에게 다가가야 할 시간이다. 전화를 끊고 나서 갑자기 유진이에게 해주고 싶은 얘기가 떠올랐다. 혼자가 되는 걸 두려워하는 유진이에게 꼭 전해주고 싶은 말이다.

"유진아. 난 모르는 사람들 틈에 혼자 있을 때나 혼자 밥을 먹을 때, 누군가와 이별할 때, 사랑을 할 때, 외로움을 느껴. 심지어 너랑 같이 얘기를 나눌 때도 외로움을 느꼈어. 그 외에도 사소하지만 수많은 상황 속에서 외로운 감정을 많이 느껴. 네가 느끼는 외로움을 나도 늘 느껴. 너나 나만이 아니야. 모든 사람들이 여러 가지 상황에서 외로움을 느껴. '외로움'은 누구나 느끼고, 느낄 수밖에 없는 감정이야. 그러니깐 유진아! 혼자라고, 외롭다고, 기죽을 필요 없어! 외로움은 너와 나, 그리고 모든 사람들이 느끼는 당연한 감정일 뿐이니까.

그리고 외로움은 마냥 힘겨워만 할 경험은 아니야. 네가 만약 '체육 시간에 혼자가 되어 힘들다'는 감정을 느껴보지 않았다면 넌 외로움을 느끼는 다른 사람을 진심으로 이해하지도, 보듬어주지도 못하고, 사랑해주지도 못할 거야. 그러니까 네가 지금 느끼는 외로움은 괴로운 경험이기도 하지만, 아주 소중한 경험이기도 해. 미래를 위해선 말이야. 유진아! 힘내!"

다시 유진이와 통화를 하면 이 얘기를 꼭 전해줘야겠다. 전화를 끊고 이불 속으로 들어가는데 유진이랑 함께 한 이불을 덮고 자던 때가 떠올랐다. 그땐 한 이불을 덮고 어둠 속에서 둘이 소곤거렸는데……. 지금을 얘기하고는 또다시 과거로 돌아가 버렸다. 함께 했던 그때가 몹시 그립다.

호밀밭의 파수꾼이 필요한 시대

저는 10대들의 뒷이야기를 많이 듣습니다. 책을 읽고 글을 쓰고 토론을 하는 모임을 할 때면 10대들은 자신들이 겪었던 수많은 경험과 생각을 털어 놓습니다. 워낙 들어주는 사람이 없어서인지 제게만 오면 막혔던 이야기를 폭포처럼 쏟아냅니다. 학교와 집, 학원에서 쓰고 있던 가면도 벗어놓고 날것 그대로의 진면목을 제게 보여줍니다.

제가 가장 많이 듣는 이야기 중 하나가 찐따나 왕따 이야기입니다. 자신이 직접 누군가를 왕따로 만들어봤다는 경험담을 들은 적이 있는데 생각보다 너무 쉬웠습니다. 그냥 자신이 싫다고 몇몇 친구들에게 말하면 다른 친구들도 평소 불만을 말하게 되고, 그러면 간단하게 찐따나 왕따가 된다고 합니다. 처음엔 한 사람이 싫어한다는 말 몇 마디 했다고 어떻게 그렇게 간단하게 진따와 왕따가 탄생하는지 이해가 안 됐습니다. 그러다

10대들이 관계를 맺는 방식을 알게 되자 이해를 했습니다.

10대들은 학기초에 새로운 반이 결성되면 그룹을 만듭니다. 함께 어울려 다니는 그룹이 여럿 탄생합니다. 이 그룹은 의외로 결속력이 매우 강합니다. 그룹에 속하지 못하면 왕따나 진따가 됩니다. 함께 지내던 그룹 안에서 내가 싫은 사람이 생기면 그룹 내 친구들에게 말합니다. 그러면 그룹 내 친구들은 대부분 얼른 동의합니다. 만약 동의하지 않으면 자신이 그룹에서 제거될지도 모르는 위험을 감수해야 합니다. 모든 그룹원이 동의하면 대상이 된 사람은 그 그룹에서 제거되고 함께 어울리지 못하게 됩니다.

이때 제거된 그룹원이 다른 그룹을 찾으면 다행이지만, 대부분 찾지 못합니다. 이미 다른 그룹도 단단하게 결속되어 있고, 제거한 그룹에서 나쁜 말을 돌리기 때문에 받아들일 마음도 없습니다. 결국 한 그룹에서 소외가 되면 순식간에 학급 전체의 그룹에서 소외가 되고, 전체 학년에서 소외가 됩니다. 한 그룹에서 제거됐을 뿐인데 순식간에 전교 왕따로 전락해 버립니다.

어떤 학생이 함께 어울리는 친구들이 정말 안 맞는다며 제게 한참 투덜거렸습니다.

"그럼 같이 안 다니면 되잖아."

전 너무나 당연한 충고를 했습니다. 그러나 그 학생의 반응은 예상 밖이었습니다.

"싫어도 찐따가 되기 싫으면 친구 해야 돼요. 너무 싫지만 어쩔 도리가 없어요. 빨리 다른 학년이 될 때만 기다려요.”

그 학생에게 함께 어울리는 그룹원들은 친구라기보다는 생존을 위한 수단이었습니다. 대안학교에 다녔던 유진이는 진심어린 관계를 맺고 살았습니다. 일반학교에 진학한 뒤에는 오직 생존을 위한 관계만 맺다보니 너무 힘들었나 봅니다. 체육시간이 특히 심했다고 하지만, 제가 보기엔 평소에도 크게 다르지 않았을 겁니다. 그래서 유진이가 느끼는 고통은 10대 청소년 대부분의 고통이기도 합니다. 진실한 인간관계가 사라지고, 가면을 쓴 관계밖에 남지 않을 때 관계가 주는 편안함은 전혀 없습니다. 모두가 가면을 쓴 채 만나는 관계, 관계가 끊어지면 왕따가 될지 모른다는 위기감으로 만나는 관계, 정말 끔찍합니다.

『호밀밭의 파수꾼』(J.D.샐린저)에서 홀든은 가면을 쓴 관계에 진저리를 칩니다. 친구도 선생님도 부모들도 모두 가면을 쓴 존재들입니다. 홀든은 진실이 사라진 관계, 거짓으로 포장된 세상을 향해 끊임없이 독설을 날립니다. 오직 여동생 피비만이 홀든과 진실한 대화를 나눕니다. 홀든은 아이들이 마음껏 뛰노는 호밀밭의 파수꾼을 꿈꿉니다. 진심으로 사람을 대하는 피비와 같은 아이들을 지켜주는 사람이 되고 싶어합니다. 세상의 진심을 지켜주는 파수꾼이 되고자 합니다.

상처받은 아이들이 너무 많기에―정부 조사에 따르면 대한민국에만 100만 명이나 된다고 하는데, 전 그보다 훨씬 더 많다고 봅니다.―대한민국엔 호밀밭의 파수꾼이 정말 많이 필요해 보입니다. 고운이는 유진이에게 호밀밭의 파수꾼과 같은 역할을 했습니다.

…… 네가 만약 '체육 시간에 혼자가 되어 힘들다'는 감정을 느껴보지 않았다면 넌 외로움을 느끼는 다른 사람을 진심으로 이해하지도, 보듬어 주지도 못하고, 사랑해주지도 못할 거야. 그러니까 네가 지금 느끼는 외로움은 괴로운 경험이기도 하지만, 아주 소중한 경험이기도 해. 미래를 위해선 말이야. ……

고운이가 유진이를 인터뷰하고 쓴 글의 일부입니다. 내 아픔에만 빠져 지내면 이 정도의 깊은 성찰이 나오지 않습니다. 괴로움도 달리 보면 소중하다는 충고는 아픔을 겪는 친구에게 따스한 위로가 됩니다. 이런 위로를 건네받은 친구도 힘을 받고, 위로를 건네는 고운이도 한층 성숙해집니다. 남의 아픔을 돌볼 때 얻는 성과지요. 그래서 자꾸 남의 아픔을 진심으로 함께 해야 합니다. 고통을 겪는 친구에게 힘이 되기도 하지만, 상처를 돌보며 자기도 성장하기 때문이지요.

여러분에겐 진심어린 위로를 건넬 친구가 있는지요. 자신이 온 정성을 다해 힘을 주고 싶은 친구가 있는지요. 힘들 때 진심을 나눌만한 친구가 생각나는지요. 이런 질문을 던지면 흔히 베프(절친한 친구)를 떠올리는데 베프라고 해서 진심어린 위로를 건넬만한 친구는 아닙니다. 고운이가 유진이에게 건네는 충고 정도를 서로 주고받을 수준이 되지 않는다면 진정한 친구라 하기 힘듭니다. 저 정도 충고를 건넬 만한 인간적 성숙을 이룬 뒤에야 진실한 친구 관계가 가능합니다.

10대들의 힐링캠프

지금 이대로 행복할 수는 없을까?

이제 곧 5년 지기가 될 절친 정민정을 인터뷰했다. 기말고사도 끝났겠다, 안 그래도 서로의 목소리를 들을 때가 되었기 때문에 나는 먼저 친구에게 문자를 넣어 인터뷰에 대해 대략 설명하고, 인터뷰가 가능한지 물었다. 흔쾌히 '오케이'를 외치는 친구, 나도 덩달아 기분이 좋아졌다. 휴대 전화로 녹음을 해야 하는데 요금이 없다면서 칭얼댔더니 민정이는 자기 집 전화로 바로 다시 전화를 걸어주었다. 참 배려심이 깊은 친구다. 전화를 받자마자 민정이가 내게 질문을 쏟아냈다. 인터뷰를 요청한 사람은 난데 엉뚱하게 인터뷰를 당했다.

"야, 빵소, 무슨 인터뷰? 아, 무슨 숙젠데? 녹음은 왜 해? 네가 책을 내는 거야?"

정신이 없다. 조금 전에 멋진 친구라고 한 말을 취소(?)해야 할까 보다. 나는 인터뷰하는 이유를 차근차근 설명해주었다. 책을 낸다는 말에 친구가 부러운 듯 말했다.

"부럽다. 책도 내고, 글도 잘 쓰나 보네. 나는 뭐하나 잘하는 게 없는데……."

민정이가 갑자기 우울해한다. 뭐라고 인터뷰를 해야 하는데 말문이 막힌다. 하는 수 없이 영화에 인기 연예인 얘기로 한참 수다를 떨었다. 우울한 기분을 내보내고 평소 기분으로 돌아온 뒤에야 겨우 인터뷰를 시작했다.

"너는 요즘 어때? 공부하며 지내기는 힘들지 않아?"

친구는 내 질문을 듣자마자 죽겠다고 낑낑댄다. 이제 중학교를 졸업하고 고등학교에 진학을 해야 하는 상황인지라 고민이 너무 많다고 했다.

"진학 원서 넣을 때잖아. 그래서 여기저기서 많이 와. 마이스터고, 전자고, 미디어고, 자사고도 오고. 많이 오긴 하는데 뭘 선택해야 할지 모르겠어."

"어디 마음에 드는 데는 없어?"

"세무고."

세무고라니? 도대체 거기가 뭐하는 고등학교일까? 내가 물었더니 민정이가 세무고에 대해 열심히 설명해주었다. 세금과 관련한 일을 배워서 공무원 일을 한다고 한다.

"공무원 하게? 너 그런 일 싫어하잖아. 아빠는 뭐래?"

"원래 아빠가 알려주셨어. 내가 워낙 성적도 안 나오니까, 고등학교 졸업해서 바로 일할 만한 곳을 추천해주신 거지. 그런데 내가 진지하게 고민하니까 도리어 말리시는 눈치야. 통학 거리도 꽤 멀고.”

전화기 너머로 고민하는 기색이 역력했다.

역시 일반 학교 다니는 친구들은 대부분 공부가 최고의 고민인가 보다. 예전에 민정이는 제법 공부도 잘했는데, 지금은 겨우 100등이라며 공부에 관한 힘겨움을 계속 털어놓았다. 또다시 우울한 분위기, 난 얼른 분위기를 바꿨다.

“자사고는? 이 전교 100등아!”

평소에 자사고를 가겠다고 큰소리를 쳤기 때문에 하는 말이었다. 민정이는 내가 농담으로 하는 말인 줄 알면서도 발끈하며 되받아쳤다.

“갈 수는 있거든. 25% 안에만 들면 되는데 나는 그 안에 들어. 그러니 가려고 하면 가지. 그런데…….”

말끝을 흐린다. 흐려진 말 끝 속에 엄청난 고민이 묻어났다. 다른 고민, 힘겨움을 물어볼 필요도 없었다. 민정이는 공부와 진로 때문에 너무나 힘들어 했고, 다른 친구들도 마찬가지라고 했다.

“난 소정이 네가 부러워. 넌 이런 걱정 안 하고 살잖아.”

글쎄, 물론 내가 안 하고 살기는 한다. 나는 대안학교인 샨티학교에 다니고 여기서는 일반 학교처럼 국영수 같은 공부에 얽매이지 않는다. 내가 배우고 싶은 거 배우고, 하고 싶은 거 마음껏 하며 산다. 그렇다고 내가 고민이 없는 건 아니다. 내가 선택한 이 길이 과연 내 인생에 어떤 결과로 나타날지 불안하기는 민정이나 나나 마찬가지기 때문이다.

친구들은 어떻게 지내는지 물었지만 그런데 신경 쓸 겨를이 없다는 답변만 돌아왔다. 뭘 물어도 민정이에겐 다가오지 않은 듯했다. 그저 앞으로 어디를 가야할지, 공부는 어떻게 해야 할지에만 온통 사로잡혀 있었다. 그런 면에서 보면 난 참 행복한 편이다. 사람을 고민하고, 내가 정말 좋아하는 걸 하며, 오늘 무엇을 해야 할지 내 스스로 결정하며 사는 삶을 살고 있으니까.

절친 민정이와 이런저런 대화를 나누면서 확실히 느꼈다. 내가 지금 얼마나 행복한 삶을 사는지를. 그리고 참 안타깝다. 이제 겨우 16살인데, 다른 건 하지도 못하고 오직 공부에만 짓눌려 사는 모습이 정말 안쓰러웠다.

"학원은 잊었니?"

전화기 저 뒤에서 어른 목소리가 들린다.

"미안해, 더 얘기하고 싶은데 이제 학원에 가야 해."

괜찮다고 말해주었다. 더 많은 얘기를 나누고 싶었지만 그럴 처지가 아니었다. 아픔과 상처에 관한 주제로 인터뷰를 하고 싶었지만 물어봐야 그런 대답이 나오기도 힘들었다. 모든 관심이 공부에 쏠려 있는 민정이에겐 상처나 아픔 따위의 단어는 사치스런 말처럼 여겨지리라.

민정이는 고민한 만큼 행복하게 살까? 난 지금 행복하지만 앞으로도 이렇게 계속 행복할까? 갑자기 나의 미래, 우리의 미래가 걱정스럽다. 행복하지 못한 10대의 모습을 민정이를 통해 확인하니, 입맛이 씁쓸했다. 우린 정녕 지금, 여기서, 이대로, 행복할 수는 없는 걸까?

자기 길을 가는 모습이 아름답다

찬바람이 씽씽 부는 2012년 문경의 샨티학교, 따뜻한 교실 안에서 수업을 받고 있던 나와 친구들은 선생님께 친구 한 명을 인터뷰해 오라는 미션을 받았다. 집에 가는 주어서 쉽게 해 올 만한 숙제였지만, 내가 부산에서 만나는 친구들은 딱히 진지한 얘기를 나누는 사이가 아니어서 망설이던 끝에 결국 인터뷰를 하지 않고 학교에 돌아왔다. 미션을 수행해야 할 기한은 정해져 있었고, 결국 시간이 닥쳐서야 부랴부랴 한 친구를 선택해 전화를 걸었다.

전화를 건 시아는 나와 6살 때부터 부산에서 알던 사이로, 10년 지기다. 시아는 168cm에 52kg이다. 정말 부러운 몸매다. 지금은 한국 무용을 배우는데, 앞으로도 그 길을 갈 계획이란다.

"여보세요?"

반가운 목소리가 들려 왔다.

“어, 낸데. 니 지금 시간 많나?”

“어, 많지. 왜?”

나는 일단 인터뷰 취지를 밝혔고, 개인적인 정보를 밝혀도 되는지에 대해서 확인했다. 시아는 아무런 문제가 없다면서 흔쾌히 응낙했다.

나는 편안한 분위기로 인터뷰를 진행했다.

“무용을 언제부터 배우기 시작했어?”

시아는 약간 기억을 되짚는 듯하더니 대답했다.

“원래는 재즈 댄스에 관심이 있었어. 장난으로 추다 보니 정식으로 배우고 싶어져 초등학교 5학년 때 학원에 갔는데, 그곳이 한국 무용을 전공으로 하는 곳이었어. 뭐 그러다 보니 한국 무용을 배우기 시작한 거야. 정말 우연이지.”

재즈를 배우러 갔다가 한국 무용이라니, 솔직히 조금 웃음이 나왔다. 완전히 다른 분야인데 그냥 다녔다는 게 이해가 되지는 않았지만 더 이상 묻지는 않았다.

“대회는 몇 번 나갔고, 상은 몇 번이나 탔어?”

솔직히 예전부터 궁금했던 바였다.

“초등학교 5학년 때부터 1년에 5번 이상씩 나가. 지금까지 계속 그렇게 해 왔어. 상은 거의 나갈 때마다 탔지.”

상을 나갈 때마다 탔다니, 솔직히 배가 아팠다. 나는 어릴 때부터 피아노를 배웠는데, 그 중에 딱 한 번 피아노 콩쿠르 나갔고, 상이라곤 딱

한 번 탔다. 난 그걸 매우 자랑스러워했는데, 시아는 수십 번 대회에 나가고, 나갈 때마다 상을 탔다니 마냥 부럽고, 내가 초라해지는 느낌이었다.

난 쿨한 여자라서 꿍하지 않고 그대로 말했다.

"부러운 가시나!"

난 내가 콩쿠르를 나간 얘기를 하였고 친구는 웃으며 대꾸했다. 나도 피아노를 배우기 때문에 예체능을 배우는데 얼마나 많은 돈이 드는지 안다. 그만큼 부모님의 경제적 부담이 큰 편이다.

"부모님은 한국 무용 배우는 너를 응원해주시고 다독여주시는 편이냐?"

"응원이야 항상 해주시는 편이지. 무용 레슨이 끝날 때까지 학원 밑에서 차를 대기시켜 기다려 주시기까지 하서. 너도 알겠지만 예체능을 하려면 돈이 많이 들어가잖아. 나도 그거 잘 알아. 그래서 부모님의 정성에 부응하도록 열심히 노력하는 편이야."

부모님 정성을 생각해 열심히 노력한다는 친구, 왠지 그런 친구를 둔 나 자신이 뿌듯하고 자랑스러웠다. 엄마, 아빠의 정성에 제대로 부응 못하면서 사는 날 보며 살짝 후회가 들기도 했다.

내가 뭘 물어볼까 고민하는데 시아가 알아서 인터뷰를 이끌어주었다.

"무용을 하려면 몸매 관리를 열심히 해야 해. 선생님께서 항상 몸을 점검하고 관리해주서. 이번 대회에 나가려면 살을 50kg까지 빼야 하는데, 선생님께서 식단까지 짜서 감독해주서. 살이 빠진다고 칭찬하시지는 않지만 만약 대회가 가까워지는데도 몸무게가 그대로면 따끔하게 지적을 하시지. 솔직히 몸매 관리하기, 정말 힘들어.”

나도 몸매에 관심이 많고, 더 예쁜 외모가 되기를 바라는 마음이 간절하다. 그러나 마음과 달리 노력은 별로 안 한다. 나쁜 음식 많이 먹고, 잠도 늦게 잔다. 평소에 몸매가 예쁘다고 부러워했는데, 몸매를 부러워할 게 아니라 몸매를 가꾸려는 노력을 부러워해야겠다는 생각이 들었다.

“넌 대회에서 상을 많이 탔으니까 진로 고민은 안 해도 되겠네?”

대답은 예상대로였다. B 예고에서 개최하는 무용 대회에서 우승을 한 뒤에 이미 합격을 했다고 한다. 입학금도 면제라니 정말 부럽다.

“힘든 적은 없었어?”

나도 유치원 때부터 피아노를 배웠던 터라 배우는 과정에서 닥치는 슬럼프가 무엇인지 안다. 나도 오랫동안 슬럼프로 고생을 했다.

“당연히 있지. 중학생이 된 뒤에 노력해도 실력이 안 느는 거야. 울면서 엄마에게 그만두고 싶다고 얘기한 적도 있었어. 중3 때 남자 친구를 사귄 뒤로 남자 친구에 너무 빠져 있느라 무용을 소홀히 한 적도 있어. 하루는 대회를 앞두고 있었는데, 남자 친구가 하루 종일 연락이 안 되서 대회에 집중이 안 되는 거야. 결국 상을 못 탔지.”

헐! 나도 얼마 전까지 남자 친구 때문에 정신을 못 차렸는데, 친구끼리는 통하는 걸까?

“내가 미쳤지. 진짜 콩깍지가 씌웠나 봐. 남자 친구랑 헤어진 뒤에 무용을 더 열심히 하게 됐어.”

난 맞장구를 쳤다.

"야, 나도 정신없이 남자 친구에 빠져 살아봤는데, 남자 친구는 독이야 독! 자기 일을 잘하는 게 먼저야."

역시 비슷한 경험을 한 친구끼리는 통하나 보다. 우린 신나게 과거(!)일로 수다를 떨었다.

"남자 친구 말고 힘든 건 없었어? 무용을 하면 놀 시간도 없이 학원에 가서 연습을 해야 하잖아?"

"당연히 힘들긴 한데 내가 재미있으니 괜찮아."

인터뷰를 마치려는데, 시아는 "네가 쓴 책 꼭 살 테니까, 책 나오면 알려줘!" 하며 전화를 끊었다. 역시 시아는 멋진 친구다.

인터뷰를 하니 오래 알고 지내온 친구인데 이런 것도 모르고 살았나 하는 생각도 들고, 무용하는 친구들의 고충도 알았다. 10대, 한창 놀고 싶을 나이지만 꿈을 이루기 위해 자신과 씨름을 하는 모습이 멋있어 보이기도 하고 존경스럽기도 했다. 왠지 나도 더 열심히 살아야겠다는 결심이 들기도 했다. 솔직히 말하면 시아와 이야기를 나누면서 많이 부끄러웠다. 내게 없는 노력을 하는 시아가 부럽기도 했다. 친구지만 시아는 내게 특별한 자극을 주는, 어쩌면 선생님 같다는 느낌도 들었다.

카르페 디엠

소정이는 5년 지기 친구 민정이가 지닌 아픔과 상처를 인터뷰 하려다 실패합니다. 공부에 짓눌려 사는 민정이는 다른 고민을 할 겨를이 없습니다. 자기 아픔과 상처를 살피는 건 사치스런 시간 낭비입니다. 우울해진 소정이는 우리에게 묻습니다.

우린 정녕 지금, 여기서, 이대로, 행복할 수는 없는 걸까?

그러게요. 지금, 여기서, 이대로 행복할 수는 없는 걸까요? 10대 시절은 그저 미래를 위해 불행하게 보내야 하는 암흑의 시기여야만 할까요? 찬란한 봄에 비유되는 그 아름다운 나이를 공부 외에는 아무것도 바라보지 못하게 막아 놓은 어른들의 강요는 정당한 걸까요?

『죽은 시인의 사회』(N.H.클리안바움)에서 키팅 선생님은 오직 미래의 성공만을 꿈꾸며 지금의 고통을 감수하며 사는 학생들에게 카르페 디엠(지금 이 순간을 즐겨라!)를 가르칩니다. 이 찬란한 시절은 다시 오지 않나니, 이 시간의 아름다움을 마음껏 누리라고 말합니다. 학생들은 키팅 선생님의 가르침대로 진실한 시간을 보냅니다. 미래를 위해 현재를 포기한 삶이 아니라, 미래를 꿈꾸면서도 현재에 충실한 삶을 삽니다.

현재는 미래를 위해 희생해야 할 소모품이 아닙니다. 10대는 어른이 된 뒤의 삶을 위해 모든 걸 참아야 하는 인내의 시간이 아닙니다. 10대의 그 찬란한 아름다움과 정열은 다시 오지 않습니다. 어른이 되어 돈을 감당 못할 만큼 벌고, 세상에 이름을 떨치는 유명인이 된다 해도 10대를 다시 살지는 못합니다. 10대의 아름다움을 강탈당한 시대, 현재의 기쁨을 오직 미래를 위해 모조리 희생해 버리며 사는 시대, 정말 비극적인 시대입니다.

흔히 지금 이 순간을 즐기라고 하면 마치 제 멋대로, 공부도 안 하고, 마음대로 망나니처럼, 흥청망청 놀라는 말로 받아들이는데 그건 사실이 아닙니다. 제가 시아를 잘 알지는 못하지만 지현이 인터뷰에 등장하는 시아는 자기 삶을 충실히 삽니다. 그렇다고 미래를 위해 현재를 포기하는 삶은 아닙니다. 현재에도 충실하고, 현재의 기쁨도 누리면서, 자신이 꿈꾸는 미래를 향해 열심히 삽니다. 지현이는 그런 시아가 부럽습니다.

시아가 미래의 꿈만을 생각하며 현재의 고통을 참기만 한다면 카르페 디엠이 아닙니다. 그러나 시아가 미래의 꿈을 꾸면서 지금 이 순간 춤추는 기쁨을 충분히 누린다면 시아는 카르페 디엠입니다. 이 순간의 기쁨을 충분히 누리느냐, 10대의 아름다움을 만끽하며 사느냐에 따라 카르페 디엠이냐 아니냐가 결정됩니다.

공부를 잘하는 학생들도 공부를 즐기지는 않습니다. 싫어도 억지로 합니다. 오직 미래의 꿈을 위해, 돈 많이 벌어서 돈 걱정 않고 사는 미래만을 내다보며 현재의 고통을 억지로 참아 냅니다. 좋은 대학만 가면 모든 게 다 해결되리라 믿고, 좋은 직업만 얻으면 이 고통이 끝나리라 믿으며 참아냅니다. 안타깝게도 그렇게 살았던 10대들은 20대가 돼서도 미래를 꿈꾸며 현재의 고통을 참고, 30대가 되어도 미래의 희망을 꿈꾸며 현재의 고통을 참습니다. 죽을 때까지 자기 나이, 현재의 즐거움과 기쁨은 누리지 못하고 오직 미래만을 위해 현재를 끊임없이 희생하는 삶을 삽니다.

키팅 선생님이 여러분 귀에 "지금 이 순간을 즐겨라!(카르페 디엠)"하며 속삭이는 소리가 들리지 않나요? 그 소리가 들린다면 지금 당장 누리십시오. 다시 말하지만, 카르페 디엠은 마구잡이로 놀고, 흥청망청 탈선하라는 소리가 아닙니다. 지금 이 순간, 내 삶의 기쁨을 만끽하며 살라는 뜻입니다. 무엇이 가장 즐거운가요? 그게 정말 내 삶을 풍족하게 하나요? 이 질문에 대한 답을 찾았다면 지금 당장 그 일을 하세요. 미루면 아무 것도 못합니다.

나는 평범하게 살고 싶다

강영운, 류호영을 인터뷰하다

내 친구의 이름은 류호영. 호영이를 만난 지 10년째다. 9살 때 만나 지금까지 연락을 하며 지내는 나만의 절친이다. 호영이와 나는 같은 아파트, 같은 학원, 같은 학교를 다녔고, 심지어 동생들끼리도 친구다. 비록 중학교부터 학교는 달라지고 학원만 같이 다녔지만, 우리 둘의 관계는 그대로였다. 우린 둘이 싸우기도 많이 하고, 서로 원망도 많이 했지만, 간단한 사과 한 마디로 원래 우정을 회복할 정도로 친했다.

고등학생이 되면서 진로가 달라서 연락은 뜸했지만 여전히 친구였다. 고3이 돼서는 수능 준비에 방해가 될까봐 일부러 연락을 하지 않았다. 수능이 끝나자마자 난 기다렸다는 듯이 호영이에게 전화를 걸었다. 오랜만에 편하게 대화를 나누고, 재미난 이야기를 하다가 문득 서로 진실한 마음을 주고받은 적이 별로 없다는 데 생각이 미쳤다.

나는 호영이에게 바로 물었다.

“물어볼 게 있는데, 너 요즘 고민거리나 힘든 거 없냐?”

솔직히 상처 받은 경험을 물어보고 싶었지만 묻지 않았다. 왜냐하면 호영이는 상처 같은 걸 받지도 않고, 잘 잊는 낙천적인 성격이라 나올 대답이 뻔했기 때문이다. 워낙 친하게 지냈기 때문에 호영이네 가정 상황도 전부 아는데, 고민할 만한 일도 거의 없는 집이었다. 그러니 상처를 물어봐야 얻을 만한 대답이 없었다.

호영이는 내 질문을 듣고 잠시 생각하더니, 두 가지 고민이 있다고 말했다. 첫 번째는 대학 입시에 대한 고민이라고 했다. 이 대답은 이미 예상했다. 수능을 본 수험생이니 대학 진학 문제가 제일 중요한 건 당연했다.

“대학을 왜 들어가야 해?”

난 약간 도발적으로 물었다.

“인생을 즐기려고.”

예상 밖의 답이었다. 난 대다수 학생들처럼 호영이도 대학을 어쩔 수 없이 들어가야 하는 곳 정도로 여기는 줄 알았다. 인생을 즐기기 위해 들어간다니, 의외의 답에 조금 놀랐다. 난 대들듯이 다시 물었다.

“인생을 즐기려면 대학을 가야 하나? 나는 대학은 안 가도 인생을 즐길 수 있다고 생각하는데.”

난 무언가 진지한 답을 기대했는데, 호영이 입에서 나온 답은 조금 엉뚱했다.

“나는 대학 들어가서 여자를 만날 거야. 지금까지 공부 때문에 소극적이었는데, 대학 가서는 좀 더 적극적으로 다가가서 여자 친구를 사귀고, 여자 친구와 함께 대학 캠퍼스를 누비고 싶어”

12년 죽도록 공부해서 대학을 가는 이유가 겨우 여자 친구를 사귀기 위해서라니……. 난 어이가 없었다.

“여자 친구를 사귀는 게 목표인 건 좋아. 하지만 대학을 가기 위해 그렇게 고생했는데 목표가 그거라면 좀 그렇지 않아? 다른 길을 택한다면 공부에 숨겨진 자신의 재능을 찾고 더 재미있게 살 텐데.”

호영이는 단호하게 대답했다.

“난 그런 거 싫어. 나는 평범하게 살고 싶어”

호영이는 그냥 남들 가는 길을 따라 살고 싶다고 했다. 지금까지 부모님이 자신이 해달라는 걸 다 들어주셨는데, 다른 길을 택한다면 절대 허락해주지 않을 거라고 했다. 호영이의 말이 안타까웠지만 뭐라고 하진 않았다. 그저 나와 다른 선택을 하고, 평범한 삶을 살기를 원한다면 그리 살아가는 수밖에…….

두 번째 고민은 친구들과 관계였다. ‘어떻게 하면 내가 친구들한테 피해를 주지 않을까?’, ‘친구들이 내 행동을 싫어하진 않을까?’ 하는 고민이었다. 덧붙여 졸업 후 대학을 가고 지금의 친구들과 연락을 하고 지낼지에 대해서까지 고민한다고 했다. 가까이 있으면 친하게 지내고, 거리가 멀어지면 마음도 멀어지는 게 세상인데 어떻게 해야 할까 고민스럽다고 했다. 친구 관계에 대해 여러 이야기를 나눴지만 그리 인상 깊은 얘기는 없었다. 그저 우리 둘 사이의 관계는 사는 곳에 상관없이 늘 한결 같을 거라는 다짐만 나눴다.

호영이는 평범하게 산다. 이 시대 표준 인간의 삶을 살아간다. 나도 중3 때까지는 그렇게 살았지만, 지금은 전혀 다르게 산다. 내가 선택한 삶, 사회가 제시한 삶이 아니라 내가 원하는 삶을 산다. 내 선택이 옳은 걸까? 호영이의 선택이 옳은 걸까? 미래의 삶이 어찌 될지는 아무도 모른다. 다만 우리 둘의 우정이 계속 이어지리란 점만 확신할 뿐이다.

별 거 아닌 걸까? 직면하기 두려운 걸까?

박나영, 박가영을 인터뷰하다

이름 박가영. 생년월일 1996년 11월 15일.

가영이는 착하고 순수한 17세 소녀다. 다른 사람이 하는 사소한 행동에도 종종 '너무 귀여워!'하면서 까르르 웃음을 터트린다. 가끔 뜬금없이 정색할 때는 카리스마가 넘쳐서 약간 무섭기도 하다. 어깨를 넘어 날개 뼈까지 내려오는 긴 생머리인데, 머리카락을 더 길러서 소아암에 걸린 아이 들을 위해 기증할 거라며 열심히 머리를 가꾼다. 순진한 건지, 마음이 아름다운 건지……. 눈은 나와 많이 닮았다. 노루 같은 내 눈꼬리를 살짝 올리면 가영이 눈과 똑같아진다.

오랜만에 가영이에게 전화를 걸었다. "뚜르르" 전화 연결 신호음이 길게 들린다.

“여보세요?”

전화기 너머로 들리는 가영이의 낭랑한 목소리.

“가영아! 인터뷰하자!”

뜬금없는 나의 부탁에 가영이는 이러쿵저러쿵 이유도 캐묻지 않고 그냥 가볍게 승낙했다.

“자, 첫 번째 질문! 가영이 너는 너와 나의 관계를 어떻게 생각해?”

“음……”

잠시 뜸을 들인다. 적당한 말을 찾나보다.

“우리는……평생지기 친구?”

말꼬리가 살짝 올라간다. 긴장하며 숨죽여 기다렸는데 가영이의 대답을 듣자 순간 정신이 어벙벙해졌다. 행복했다. 뿌듯하고 내 입이 저절로 귀 쪽으로 올라갔다.

나에게 가영이는 내가 유일하게 편한 마음으로 의지하는 친구다. 솔직히 나는 정이 별로 없다. 매정하단 소리도 많이 듣는다. 친구를 사귀어도 그 친구에게 별로 기대지 않는다. 내 비밀을 털어놓지도 않는다. 나는 누군가에게 나를 기대는 것 자체가 굉장히 불안하다. 쉽게 남에게 다가가지 못하고, 친밀한 관계를 맺지 못하는 내가 유일하게 편하게 다가가고, 속을 털어놓는 친구가 가영이다. 나만 그러나 싶어 조금 걱정했는데 가영이도 나를 평생 변치 않는 친구라고 여기니 너무 기뻤다. 불안함이 가셨다.

“이제 두 번째 질문! 지금까지 살면서 가장 행복했던 때는 언제야??”

난 이 질문을 받고 참 고민을 많이 했는데 가영이는 머뭇거리지 않고 대답했다.

“요즘! 요즘이 가장 행복해!”

가영이는 막힘없이 말을 이었다.

“연기도, 노래도, 심지어 잠자는 것도 행복해! 히히.”

가영이는 올해 초에 많이 우울해 했다. 공부를 해도 성적이 안 나온다며 울먹거리던 가영이였다. 그러다 얼마 전부터 자신이 예전부터 다니고 싶어 했던 성우 학원을 다니기 시작했다. 성우 학원을 다니면서 가영이는 많이 밝아졌다. 매주 토요일마다 지방에서 서울로 버스를 타고 가서 배우는데 시간도 오래 걸리니 힘들 법도 하건만 힘든 줄 모른다고 했다. 성우 학원 이야기를 할 때마다 가영이 목소리는 힘이 넘친다. 자신이 하고 싶은 일을 찾고, 거기에 온 에너지를 집중하는 가영이를 보면 너무 부럽다. 솔직히 조금 질투도 난다.

“이제 진짜 질문, 너는 살면서 가장 힘들었을 때가 언제야?”

마음을 졸이며 조심스럽게 질문을 던졌다. 서성거리던 발걸음을 멈추고 허리를 바짝 세웠다. 두근거리는 마음으로 가영이의 대답을 기다렸다. 가영이가 겪은 삶을 잘 알기 때문에 난 그 대답이 나올 줄 알았다.

“추울 때.”

간단하게 들리는 가영이의 대답. 당황스러웠다. 넌 그게 아니잖아 소리를 막 해주고 싶은 걸 겨우 참았다.

"추울 때?"

그냥 이렇게 반문했다.

"응, 추운 게 가장 힘들어."

난 장난인 줄 알았는데 가영이는 진지했다.

"추위는 정말 고통스러워. 작년 겨울에 서울 갔을 때 너무 추워서 죽을 뻔했어. 그때만 생각해도 치가 떨려. 너무 싫어."

더 이상 뭔가 이야기를 하기가 어려웠다. 생각이 복잡했다. 한편으로는 가영이답다는 생각이 들기도 했지만, 한편으로는 자신의 아픔을 잘 드러내지 못하는 듯하여 안타깝기도 했다. 언제나 가영이는 단순하고 명쾌했다. 나는 반드시 의견을 말해야 하는 순간에도 소심해지는 반면에 가영이는 그 어느 때라도 당당하게 말한다.

"넌 너무 복잡하게 생각해서 탈이야."

가영이는 소심하게 구는 날 볼 때마다 이렇게 구박한다. 그런 면에서 보면 '추위'가 세상에서 가장 고통스럽다는 가영이 말이 가영이의 진심에 가장 가까운지도 모른다. 그렇지만 내가 아는 가영이의 삶은 '추위' 따위와 견주기 어려울 정도로 힘겨운 고통을 겪었다. 난 가영이가 겪은 그 고통을 가영이 자신은 진실로 별 거 아니라고 여기는 건지, 아니면 직면하기 두려워서 꺼내지 못하는지 헷갈렸다.

이것저것 더 말을 꺼냈지만 난 내가 진짜 묻고 싶은 질문은 던지지 못했다. 나중에, 조금 시간이 지난 뒤에, 내가 내 아픔을 충분히 다독거린 뒤에, 내 아픔을 더 정확히 마주한 뒤에야 난 가영이에게 가영이의 아픔을 물어볼 참이다. 아직 나조차 내 아픔을 제대로 다독이지 못한 탓이다. 그리고 그 아픔은 나의 아픔인 동시에 가영이의 아픔이기도 하다. 왜냐하면……, 우린 이란성 쌍둥이기 때문에. 가영이와 나영이는 평생 떨어지고 싶어도 떨어질 수 없는 친구니까.

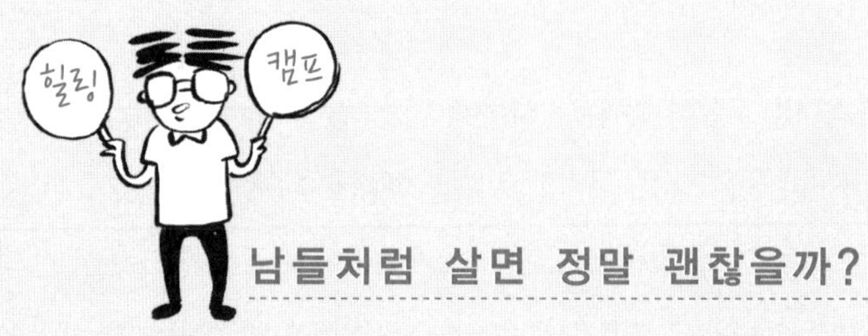

남들처럼 살면 정말 괜찮을까?

나영이와 가영이는 쌍둥입니다. 나영이가 어린 시절 겪었던 고통—그 고통을 여기서 밝히지는 못합니다—을 가영이도 겪었습니다. 나영이는 요즘 그 고통을 겨우 꺼내고 돌보는 중입니다. 가영이도 그러길 바라는 마음에서 물었는데 가영이는 그걸 아무렇지 않게 여깁니다. 나영이는 궁금합니다.

정말로 아무렇지 않은 걸까, 아니면 직면하기 두려워 묻어두려는 걸까?

이 질문은 제가 수많은 10대들에게 던지는 질문이기도 합니다. 영운이를 비롯해 여러 친구들이 상처와 아픔에 관한 인터뷰를 시도했지만, 친구들에게서 제대로 된 답변을 이끌어내지 못했습니다. 그게 상처가 없어

10대들의 힐링캠프

서인지, 상처를 받았지만 아무렇지도 않아서인지, 아니면 직면하기 두려워 묻어두려는 의도 때문인지는 제가 알지 못합니다. 오직 자기 자신만이 알 뿐이지요. 상처가 없거나 이미 상처를 극복했기 때문에 드러내지 않았기를 바랄 뿐입니다.

평범하게 살겠다는 호영이의 답변을 보며 호영이가 말하는 평범한 삶이 진정으로 평범한 삶인지, 아니면 남들이 사는 대로 따라가며 살겠다는 건지 궁금했습니다.

『스키너의 심리상자』(로렌 슬레이터)를 보면 남들이 하는 대로 따라가는 인간의 심리를 적나라하게 보여주는 실험이 나옵니다. 많은 사람이 방에 앉아 있습니다. 방에 갑자기 연기가 들어옵니다. 실험 대상이 아닌 모든 사람은 일부러 아무렇지 않은 듯 움직이지 않고 가만히 있습니다. 실험 대상인 사람이 이상하지 않냐고 말해도 늘 있는 일이라는 듯 반응합니다. 이때 실험 대상인 사람은 눈앞에서 연기가 나는 직접적인 위험을 보면서도 다른 사람들이 괜찮다고 반응하는 걸 보고 괜찮은가보다 여겨버립니다. 흔히 영화관처럼 많은 사람이 모이는 곳에서 화재가 나면 대다수 사람이 한 곳으로 몰려가다가 죽습니다. 너도나도 몰려 가는 곳이 생명을 구하는 길인 줄 알고 가기 때문입니다.

평범하다는 말 속엔 남들 가는 대로 살겠다는 지극히 위험한 사고방식이 숨겨 있습니다. 남들 사는 대로라는 말에서 그 '남'은 도대체 누구일까요? 남들에 속하는 남들도 결국엔 또다시 다른 사람을 보고 그대로 살려고 합니다. 모두가 남들만 보고 살면, 도대체 처음으로 남들 사는 대로라는 기준을 만들어낸 사람은 누굴까요? 그 길이 옳다고, 그 길이 바르다고 결정한 사람은 누굴까요? 없습니다. 누구도 책임지지 않죠. 누구도 검증해보지 않았습니다. 그러면서도 남들이 하니까, 시대가 그러니까 하면서 따라갑니다.

영화관에서 화재가 났을 때 죽으러 가는 길인 줄도 모르고 한 쪽 문으로 몰려가는 사람들처럼, 우리 시대 많은 이들이 그 길이 불행으로 이끄는 길인 줄도 모르고 몰려갑니다. 호영이의 선택은 수많은 대한민국의 학생과 부모들이 하는 선택입니다. 대한민국의 부모들과 학생들이 선택해서 가는 길은 진실로 평범한 길일까요, 아니면 남들 가니까 그저 따라가는 불행의 길일까요?

대부분의 사람들은 상처를 받아도 묻어두고 갑니다. 앞서도 말했지만 상처를 묻어두면 속으로 곪아 터집니다. 내 대에 터지지 않으면 자식 대에 더 큰 상처로 곪아 터집니다. 그걸 배웠기에 나영이는 가영이가 안타깝습니다. 남들 사는 대로 따르는 삶이 대부분은 불행으로 이어진다는 걸 배웠기에 영운이는 호영이가 안타깝습니다.

방안에 연기가 들어오면 다른 사람의 반응과 관계없이 행동해야 합니다. 내가 위험하다고 판단했다면 내 판단을 믿고 움직여야 합니다. 내 삶을 남에게 맡기면 안 됩니다. 내 운명을 남이 결정하면 불행만 기다립니다.

나는 기도한다

- 김 태 진 -

빛이야 가리면 그만이지만

가릴 길 없는 과거 일

하얗기만 하더라

어둠이야 밝히면 그만이지만

알길 없는 미래 일

어둡기만 하여라

나는 기도한다.

어제 핀 구름 한 점은

오늘 핀 구름 한 점보다

어두웠길

나는 기도한다.

그대가 그린 초상화는

내가 그린 자화상과

어느 한 점 다르지 않길

삶은 상처를 남깁니다.

부모의 삶에도 상처는 어김없이 찾아왔습니다.

숨겨둔다고 아무 일 없는 듯 넘어가지 않습니다.

부모의 상처는 고스란히 아이들에게 넘어갑니다.

부모의 상처를 이해할 때 부모를 이해하는 마음이 자식에게도 생깁니다.

상처를 공유하는 관계가 진짜 소통하는 관계입니다.

3장

가족의 비밀, 부모의 아픔

아픔을 나눠야 가족이다

평소 부모 자식 사이에 오가는 대화를 떠올려보기 바랍니다. 공부하란 잔소리, 일방적 지시, 밥 먹고, 씻으라는 일상적 대화, 이런 거 말고 진짜 대화다운 대화가 얼마나 오가나요? 그나마 즐거운 이야기는 나누기도 합니다. 하지만 정말 필요한 대화, 즉 서로의 상처와 아픔을 보듬는 대화는 과연 오가기는 하나요? 상처를 드러낼 줄 모르고, 아픔을 나눌 줄 모르는 가족을 우리가 가족이라 불러야 할까요?

나를 뒤세운 어른들은
알 수 없는 이야기를
욕구와 희석시켜 배출한다

어른들이 10대에게 건네는 이야기에는 어른들의 욕구가 실립니다. 말하는 주체인 어른 자신은 담지 않고, 이야기를 듣는 10대에게 정말 필요한 이야기는 하지 않고, 그저 어른의 욕망만 내뱉습니다. 물론 겉으로는 10대를 위하는 것처럼 포장하지요. 그럴 때 보이는 10대의 반응을 태진이는 이렇게 묘사합니다.

이 기묘한 갈림길에 선
나는 바닥에 주저앉은 채
고개를 푹 숙일 뿐

어른들이 말하는 충고를 들을 때 대부분의 10대는 그저 고개를 푹 숙일 뿐입니다. 정말 귀담아 듣지 않습니다. 듣고 싶은 얘기가 아니기 때문입니다. 진실로 자신에게 필요한 이야기가 아니기 때문입니다.

아이들에게 부모님 인터뷰를 해 오라고 했더니 처음엔 대부분 그걸 어떻게 하냐며 힘들어했습니다. 즐거운 이야기라면 그나마 쉽지만, 힘겹고 아픈 이야기는 정말 힘들고 어렵지요. 샨티학교 학생들도 처음엔 하기 꺼려했습니다. 겨우 설득하고 압력을 넣어서 인터뷰를 해오라고 시켰는데, 그렇게 해 온 인터뷰들도 대부분 부실하기 짝이 없었고, 그나마 해온 인터뷰도 모두 엄마였습니다. (유일하게 지인이가 아빠 얘기를 해 왔는데 직접 인터뷰한 건 아니었습니다.) 그만큼 부모와 자식 사이에 마음을 나누는 대화가 부족하고, 특히 아빠와 자식 사이에 소통이 단절되었다는 증거입니다.

자녀들이 학교에서 상처를 받습니다. 집에서는 잘 털어놓지 않습니다. 나중에 문제가 커진 뒤에 왜 털어놓지 않았느냐고 안타까워합니다. 그러나 10대 청소년들이 자기 아픔을 누군가에게 드러내기란 쉽지 않습니다. 그래서 엄마, 아빠가 먼저 고민과 아픔을 털어놓을 필요가 있습니다. 엄마, 아빠가 자기 아픔과 고민을 털어놓으면, 자녀와 함께 마음을 나누는 경험을 하면, 자녀도 자기 힘든 점을 자연스럽게 털어놓습니다.

물론 아이에게 지나친 짐을 지우는 건 조심해야지요. 자녀에게 지워선 안 될 짐을 주면 자녀가 힘들어 합니다. 그래서 가장 좋은 게 부모가 어릴 때 겪었던 힘들고 고통스런 경험을 자녀에게 들려주고, 상처와 아픔을 보듬는 대화를 나누는 것입니다. 대화 속에 등장하는 부모의 나이가 자식의 나이와 비슷해지면 대화는 물 흐르듯 흐릅니다.

『오이대왕』(크리스티네 뇌스틀링거)은 무대가 프랑스입니다. 프랑스라면 가정이 민주적일 듯한데 의외로 아버지는 굉장히 권위적이고, 일방적입니다. 겉으로 보기에 무난했던 가정에 왕국에서 쫓겨 난 오이대왕이 나타나자 감춰져 있던 문제들이 모두 드러납니다. 권위와 오만으로 똘똘 뭉친 오이대왕의 존재가 거울이 되어 이들 가정의 치부를 드러냅니다. 치부가 드러난 뒤에야, 가정의 문제점이 적나라하게 드러난 뒤에야 가정은 건강함을 회복할 기회를 얻습니다.

부모들은 자녀들에게 아픔을 감추려는 경향이 있습니다. 어쩌면 당연합니다. 그러나 부모가 자식에게 감추면 자식도 부모에게 아픔을 감춥니다. 아픔은 드러내야 합니다. 아픔을 드러내고 서로 보듬어야 관계가 깊어

지고, 아픔도 치유가 됩니다. 지금, 아픔을 나누세요. 아픔을 나눠야 가족
입니다.

나를 보며 엄마는 절망했다

우리 엄마, 이미애를 인터뷰했다. 엄마를 엄마가 아닌 한 사람으로 알게 되었기에 값진 경험이었다. 한적한 일요일 오후, 식사를 준비하느라 바쁜 엄마에게 평소에 묻기 힘들던 불행에 대해서, 힘들었던 과거에 대해서 물어보았다. 웃으면서 "네가 방황할 때가 제일 힘들었어."하고 말씀하셨다. 언중유골(言中有骨), 말에 뼈가 담겨 있다.

이미애. 1966년생, 어느 바닷가 마을 출신. 그곳에서만 대학교까지 무려 20여 년을 생활했다. 제일 힘들었던 것은 두말할 나위 없이 나 때문이다. 내가 부모였어도 나 같은 자식은 정말 감당하지 못했을 것이다. 만날 게임에 빠져 지내고, 세상이 모두 불만투성이고, 그러다 지치면 가출하고……. 난 그런 아들을 두면 아빠 노릇 포기할 텐데, 우리 아빠는 용케도 나 같은 놈을 잘 참고 길러주셨다. 예전엔 아빠에게 불만밖에 없었는데, 처지를 바꿔 보니 아빠가 참 대단하시다. (아빠 감사합니다. 아, 오글거려!) 그 다음이 현재 진행형 문제인 큰외삼촌, 즉 엄마의 오빠 때문이다. 내 얘기야 나도 다 알기 때문에 난 두 번째 힘든 일을 물었고, 엄마는 차분히 이야기해주셨다.

외할아버지는 그 시대 전형적인 농민이셨다. 어릴 때부터 시골에서 자랐고, 그게 주어진 숙명이라 여기며 열심히 자식을 키우고 농사를 짓는 분이셨다. 외할아버지는 6남매가 자유롭게 자라도록 키웠고, 되도록 간섭도 하지 않았다. 그저 열심히 일하시고, 집에 돌아오면 말없이 쉬시는 분이었다.

아주 평범해 보이는 외할아버지에게도 잊지 못할 불행한 기억이 하나 있다. 외할아버지에겐 원래 남동생이 하나 있었다. 그런데 함께 근처 바닷가에 놀러 갔다가 잠시 한눈을 파는 사이에 동생이 파도에 휩쓸려 버렸다. 증조할아버지는 너무나 화가 나서 외할아버지를 무자비하게 혼내셨다. 이후 증조할아버지는 술을 마실 때마다 외할아버지를 때리고, 야단쳤다.

외할아버지는 동생을 잃었던 날짜가 다가오면 죄책감에 시달렸고, 강도를 더해 가는 증조할아버지의 폭력에 더욱 소심해졌다. 학교에서도 최고의 수재로 꼽히던 외할아버지였지만 돈이 부족한 가정환경과 증조할아버지의 압력으로 결국 공부를 포기하고 말았다. 타고난 능력이 있었기 때문에 공부를 하겠다고 고집을 부릴 만도 했지만, 동생을 죽였다는 죄책감에 아무런 반항도 하지 못했다. 그 후 외할아버지는 그저 묵묵하게 농사를 짓는 평범한 농부가 되었다. 죄책감에 짓눌려 살다 보니 자식들에게도 화 한 번 제대로 못 내고 그저 자기 할 일만 묵묵히 하시는 성격이 되었다.

외할머니와 결혼한 후 처음 낳은 자식이 큰 외삼촌이다. 엄마와 5살 터울이라 엄마가 태어나기 전까지 큰외삼촌은 온가족의 사랑을 독차지했다. 아들은 지독히 싫어했지만 손자는 사랑했던 증조할아버지에게 극진한 사랑도 받았다. 그러다 엄마가 태어나자 상황이 돌변했다.

5년 동안 세상에서 제일 귀한 자식으로 사랑을 독차지하다가 엄마가 태어나고, 이후로 둘째, 셋째, 외삼촌이 연속으로 태어나자 큰외삼촌은 그때부터 뭔가 심리적인 박탈감에 휩싸였다. 5살이나 어린 동생이 부모님을 도와 일을 할 때에도 모른 척하고 놀기만 했다. 성적은 갈수록 떨어지고 급기야 반항하기 시작했다. 엄마의 성적표는 나올 때마다 '우'와 '수'로 가득했지만, 큰외삼촌은 그러질 못했다. 증조할아버지도 처음엔 큰외삼촌을 가장 아꼈지만, 재롱도 잘 떨고 깜찍하고 귀여운 엄마를 가장 예뻐하게 됐다. 큰외삼촌은 더욱 큰 상실감을 느꼈다.

엄마를 질투하고, 부모님이 자기를 사랑해주지 않는다는 이유로 삐뚤어져 버렸던 큰외삼촌의 마음은 지금까지 이어왔다. 그 지역에서는 유일하게 차녀로 4년제 대학을 졸업하고 국제기업에 취직한 엄마와 달리 남다른 학벌도 직장도 없던 외삼촌은 결혼 이후에도 가정에서 음주와 폭력을 일삼았다.

외삼촌은 어릴 때부터 혼자서 집안일을 도맡아 해야 했던 엄마를 괴롭혔다. 부모님이 안 계신 시간을 틈타 동생인 엄마를 때리고 집안 물건을 부쉈다. 그 습관은 그대로 이어져 툭하면 아내와 자식들에게 폭력을 일삼았다. 지금도 술을 마시면 외할아버지 집에서 난동을 부리기도 한다.

여기까지 담담하게 이야기를 하시던 엄마의 눈에서 눈물이 보였다. 엄마가, 내 앞에서, 울었다.

"만약 큰외삼촌만 아니었으면 우리 집은 모든 게 행복했을 텐데."

식탁 위의 휴지가 엄마의 눈물을 감추기 위해 사라졌다.

"지금 나는 할아버지와 형제들을 위해 할 수 있는 일이 하나도 없어."

깊은 한숨이 새어 나왔다. 예전의 나를 보며 자주 내쉬던 그 한숨이다.

"예전에 방황하는 널 보면 외삼촌을 보는 듯했어. 정말 그땐 견디기 힘들었어. 외삼촌이 어린 네가 되어 내 앞에 되살아난 듯했으니까."

난 아무 말도 못했다. 엄마가 느꼈을 그 절망감이 무겁게 날 짓눌렀다. 반항을 일삼던 그 시절엔 그저 엄마의 눈물과 한숨이 지겹게만 느껴졌는데, 엄마의 어린 시절을 듣고 나니 가슴 아프게 다가왔다. 그땐 아무 말도 못하고 무겁게 대화를 끝냈는데, 뒤늦게나마 엄마에게 죄송하단 말을 드리고 싶다.

"엄마, 죄송해요. 저 때문에 눈물도 많이 흘리고, 고생도 많이 하셨지요. 그리고 이렇게 절 길러주셔서 감사합니다." 김민규인

큰아빠에게만 쏠린 할아버지의 사랑

옛날부터 우리 아빠께서는 좋은 아빠가 되는 것을 중요하게 생각하셨어. 그게 처음에는 아무렇지도 않게 여겼는데, 요즘 들어 날 보듯이 아빠의 행동을 하나씩 보니까 아빠가 참 달라 보여.

아빠는 항상 우리에게 자신의 과거를 많이 들려주셨어. 할아버지와의 관계, 큰아빠와의 관계 등등. 눈물 없이는 들을 수 없다면서 껄껄거리며 말씀하시지만, 얼마나 힘들었을지…… 아빠가 참 불쌍해.

4남매 중 둘째로 태어난 아빠는 형 한 명, 여동생 한 명, 남동생 한 명, 이렇게 여섯 식구가 조그마한 집에서 살았대. 우리 할아버지랑 할머니는 큰아빠를 격하게(!) 아껴서, 돈이 많이 든다던 대학도 공부 잘하는 우리 아빠가 아닌, 아무 가능성이 없어 보이는 큰아빠에게 투자했어. 쳇, 차라리 우리 아빠에게 투자했다면 우리 아빠는 훨씬 좋은 직장도 잡고,

그렇게 책으로 내고 싶던 '플래너'에 관련된 책도 냈을 건데. 그렇게 되었다면 우리 집은 더 여유로웠겠지?

우리 아빠는 할아버지와 좋은 추억이 없어. 큰아빠를 더 좋아하는 할아버지는 아빠에게 관심을 기울이지 않았기 때문에 할아버지에게 조금이라도 관심을 받으려고 애쓰셨다고 해. 지금도 아빠는 나와 어린 동생에게 애교를 부려. 그게 다 어릴 때부터 할아버지에게 관심을 제대로 받으려고 애썼던 흔적이 남았기 때문이야. 한편으론 참 귀여우면서, 한편으론 참 안쓰러워. 어릴 때 받고 싶었던 관심을 지금도 계속 찾으니 말이야.

아빠는 돈 때문에 힘든 일도 많았어. 할아버지, 할머니가 모든 돈을 큰아빠에게 투자를 하고 아빠에겐 거의 관심을 기울이지 않았어. 오죽했으면 고등학교 다닐 때 내야 할 학비를 못 내기도 했나 봐. 내야 할 등록금을 못 내니 아빠는 기가 죽어서 지냈지. 반면에 큰아빠는 늘 풍족하게 어깨를 쫙 펴고 지냈어. 그때 아빠는 큰아빠가 얼마나 부러웠을까? 얼마나 속으로 억울했을까? 에고, 생각만 해도 아빠가 불쌍하다.

내가 중학생 때 할아버지가 돌아가셨어. 아빠가 할아버지가 임종하시는 순간을 옆에서 지켰지. 그런데 그 순간에도 할아버지는 옆에서 지지해주고, 따라주고, 도움을 줬던 우리 아빠가 아닌 할아버지 등골을 다 파먹고, 약속도 안 지키고, 막무가내로 살았던 큰아빠를 찾았지. 그런 할아버지를 보는 아빠의 마음은 얼마나 슬펐겠어. 나 같으면 따졌을 거야. "왜 아버지는 옆에 있는 저를 안 보고 큰 형만 찾아요?"하며 화도 냈겠지. 하지만 우리 아빠는 그저 옆에서 할아버지의 손을 잡아주며 "금방 오겠지요."하고 위로를 해줬어. 하지만 끝내 큰아빠는 오시지도 않았지.

어릴 때부터 제대로 관심을 못 받고 자라고, 돌아가시는 그 순간에도 열심히 옆에서 모시던 아빠는 거들떠보지 않으시다니, 할아버지가 왜 그러셨는지 몰라. 우리 아빠에게 조금만 관심을 기울어주셨으면 정말 우리 아빠는 행복했을 텐데. 큰아빠에게 쏟는 관심의 10%만 쏟아주었어도 아빠는 날아갈 듯 행복했을 텐데. 에휴, 우리 아빠 정말 불쌍하다. 그치?

아빠는 할아버지랑 완전히 달라서 우리들에게 골고루 관심을 쏟으셔. 그 어떤 아빠보다 더 좋은 아빠가 되려고 회사 갔다 와서 피곤하실 텐데도 날마다 회사에 다녀오신 뒤에 항상 동생이랑 이야기를 하고 같이 시간을 보내려고 노력하서. 그리고 내 학비 내는 것도 너무 힘들고, 지치실 텐데도 기죽지 말라며 겉으론 전혀 내색을 안 하시지. 나는 그런 우리 아빠가 너무 좋아.

"우리 가족도 이랬으니까! 나도 내 가족한테 이래야지!"하는 무심한 아빠보다 참견 많이 하고, 잔소리도 심하고, 나랑 어떻게든 공통된 이야기를 만들려고 노력하시는 우리 아빠를 보면 다행이란 생각이 들어.

늘 하고 싶었지만 아빠에게 전하지 못한 얘기를 여기에서 말할게.

"아빠, 난 아빠가 우리 아빠여서 너무 좋아. 그리고 행복해. 아빠~! 사랑해♥." 정지인

불공평이 현실이다

민규는 게임 중독, 방황, 가출을 일삼던 반항아였습니다. 요즘은 겨우 정신을 차렸지요. 외삼촌으로 인해 엄마가 괴로움을 겪던 과거를 엄마에게 직접 듣습니다. 외할아버지의 숨겨진 이야기도 듣습니다. 동생을 죽음으로 내몰았다며 죽도록 얻어맞았던 외할아버지의 아픔, 사랑을 박탈당했다는 왜곡된 심리로 인한 외삼촌의 삐뚤어진 삶, 그로 인한 엄마 삶의 굴곡까지 들었습니다. 엄마의 삶에도 상처가 깊었습니다. 민규는 예전엔 엄마의 한숨이 마냥 싫었는데, 엄마의 상처를 알고 나자 엄마의 한숨이 다르게 다가옵니다. 그리고 아빠에게도, 엄마에게도 진심으로 고마움을 느낍니다.

증조할아버지의 분노, 외할아버지 죄책감과 소심함, 외삼촌의 박탈감, 엄마에게 쏟아진 과도한 사랑과 원망, 그게 모두 민규에게 가슴 깊이 다가왔습니다. 민규는 어린 시절 이유도 모른 채 불안하고 반항을 일삼았습니다. 민규의 불안은 대물림 때문이었습니다. 과거의 아픔이 민규에게 고스란히 전해졌기 때문입니다. 그래서 핏줄이 무섭습니다. 유전자만 대물림 되는 게 아니라, 아픔과 상처, 사고방식도 대물림됩니다.

『0에서 10까지 사랑의 편지』(수지 모건스턴)에서 어네스트는 할머니와 외롭게 삽니다. 어네스트의 삶은 늘 똑같습니다. 언제나 변함없이, 지루한 삶이 이어집니다. 학교에서 최고의 모범생이지만 공부 외에는 아무 것도 할 줄 모르는, 정해진 길 외에는 발길도 주지 않는 아이였습니다. 할머니는 과거의 추억 속에서 삽니다. 다섯 살에 아버지를 여의었고, 서른 살에 남편을 잃었습니다. 며느리(어네스트의 어머니)는 어네스트를 낳다고 죽었고, 아들은 며느리가 죽자 집을 나가버렸습니다. 깊고 깊은 상처를 입은 할머니는 그 상처를 고스란히 안고 살았고, 어네스트는 그런 할머니의 어둠을 그대로 물려받았습니다. 어네스트 할머니와 부모 세대의 삶을 보면 어네스트가 왜 그렇게 어둡고, 틀에 박힌 채 사는지 이해가 됩니다. 어네스트는 빅투와르를 만나기 전까지 어둠의 터널에서 빠져나오지 못합니다.

증조할아버지, 할아버지, 아버지의 삶은 어네스트와 삶과 무관하지 않습니다. 그 모든 삶은 지금 현재의 어네스트의 삶에 영향을 끼칩니다. 나는 지금 외따로 떨어진 고립된 나가 아닙니다. 우린 언제나 과거를 내 몸과 기억과 성격 속에 품고 삽니다. 그래서 과거는 그냥 과거가 아닙니다. 앞선 세대의 고통은 대를 이어, 이유도 모른 채 후대의 고통으로 나타납니다. 과거의 비밀을 묻어두면 아무런 일이 안 생길 것 같지만, 이유도 모르는 불안이 후대에 나타나고, 고통은 과거보다 훨씬 증폭됩니다. 어두운 과거로 인한 현재의 불행은 막장 드라마의 소재가 아닙니다. 현실을 사는 평범한 우리들의 얘기입니다. 진짜 무서운 진실입니다.

고통의 대물림을 끊고 싶다면, 자식들에게 공부를 더 많이 시킬 게 아니라, 부모 세대의 아픔과 고통을 들려주고, 새롭게 바라보는 경험을 해야 합니다. 부모 스스로 자기 아픔을 드러내어 치유하고 성장해야 합니다. 그래야 끔찍한 대물림이 일어나지 않습니다.

지인이는 할아버지의 사랑을 받지 못한 아빠의 과거를 평소에 잘 알고 지냈습니다. 그러다 보니 아빠가 자신들에게 왜 잘 해주는지 알았고, 그 고마움을 충분히 느꼈습니다. 힘겨운 삶 속에서도, 자기 삶을 무너뜨리는 고민을 하면서도 끝끝내 일어선 건 어쩌면 아빠가 과거의 왜곡된 사랑을 끊어버리는 결심을 했기 때문인지도 모릅니다.

여기서 한 가지 짚고 넘어갈 게 있습니다. 민규의 외삼촌도, 지인이의 아빠도 편애 때문에 고통을 겪었습니다. 특히 지인이 할아버지의 편애는 심한 편이었습니다. 민규네 외삼촌은 편애를 못견뎌하며 비뚤어진 삶을 살았고, 지인이 아빠는 애써 참으며 다르게 살려고 노력했습니다.

우리는 흔히 '편애'가 잘못이라고 여깁니다. 부모는 자식을 공평하게 사랑해야 한다고 봅니다. 그런데 여러분은 과연 주위의 친한 사람에게 공정한 사랑을 줄 능력이 있나요? 편애하지 않고 공평하게 주위 친구나, 형제, 부모를 사랑할 자신이 있나요? 여러분이 부모가 되었을 때 자식 모두를 완전히 공평하게 대할 자신이 있나요? 내가 불가능한 걸 다른 사람에게 요구하면 안 됩니다. 사람인 이상, 정이 더 가는 사람이 있고, 더 아끼는 사람이 있기 마련입니다. 그 대상이 자식이라도 마찬가집니다. 그러니 편애란 필연입니다.

세상에 완벽한 공평이란 불가능합니다. 불공평을 이유로 분노하는 10대들이 많은데, 사실 완전한 공평이란 불가능하다는 점을 꼭 인식하시기 바랍니다. 불공평은 어쩔 수 없는 현실입니다. 불공평이 어쩔 수 없는 현실이라면 받아들여야 합니다. 물론 사회적으로 심각한 불평등을 불만 없이 받아들이라는 뜻은 아닙니다. 제도적인 불공평은 바로잡아야지요. 그러나 불공평을 완전히 없애겠다고 마음먹으면 그건 실현 불가능한 이상이 됩니다. 완전한 평등은 이론으로나 가능합니다. 그렇기에 불공평을 일정 정도 현실로 받아들이는 수용적 태도가 필요합니다.

물론 불공평이 옳다는 건 아닙니다. 되도록 공평하게 바뀌는 게 낫습니다. 그러나 불공평이 어쩔 수 없는 현실이라고 받아들인다면, 바꾸려고만 하지 말고 지인이 아빠처럼 자신은 다르게 살기를 결심하는 편이 좋습니다. 민규 외삼촌처럼 불공평에 분노하여 자기 삶 전체를 망가뜨리는 것보다는 지인이 아빠처럼 자기 삶을 새롭게 살아가기 위해 노력해야 합니다. 그게 불공평을 대하는 올바른 자세입니다.

엄마도 누군가의 딸이다

엄마를 인터뷰하란 숙제가 떨어졌다. 솔직히 난 인터뷰할 자신이 없었다. 엄마가 너무 바쁘기 때문이다. 인터뷰 주제도 날 곤혹스럽게 했다.

"엄마, 엄마는 지금까지 살아오면서 가장 행복하고 의미 있었던 일이 뭐에요?"

하고 여쭤보면 서로 즐거운 마음으로 편하게 이야기 할 수 있을 텐데, 지금까지 겪어 온 일 중에서 가장 힘들고 상처인 부분을 들춰오라니. 이건 뭐 인터뷰를 무슨 미션처럼 주는 거나 다름없다.

난 계속 엄마 눈치를 봤다. 틈을 봐서 슬쩍 엄마에게 다가갔다.

"저기, 엄마!"

일단 부르긴 했지만 역시 그 다음 말을 꺼내기 쉽지 않았다. 평소 나름대로 대화를 많이 나눈다고 자부하는 사이였지만 막상 엄마가 힘들었던 일을 물어보려니 막막하기만 했다. 입술이 마치 돌덩이 같았다.

"할 말을 잊어버렸어요."

어유, 핑계를 대도 바보 같기는……. 난 잠시 밖으로 벗어나 심호흡을 했다. 따지고 보면 별 일 아닌데 왜 이렇게 떨리는 건지. 꼭 좋아하는 사람한테 고백하기 전에 고민하는 기분이 들었다.

30분 뒤면 엄마는 출근을 하신다. 30분을 넘기면 또 다시 기회를 잡아 인터뷰를 하기는 쉽지 않아 보였다. 인터뷰를 요청하는 말 한 마디를 건네지 못하고 고민하는 내가 한심스럽게 느껴진다.

이제 겨우 10분 남았다. 상쾌한 아침인데 힘든 이야기 꺼내지 말고 그냥 넘어갈까? 하지만 그렇게 하기엔 솔직히 미련이 많이 남았다. 나도 엄마가 뭘 힘들어 하는지 궁금했기 때문이다.

'딱 3초만 내뱉으면 되는 거야!'

난 결심을 굳게 하고 출근 준비를 하는 엄마에게 느닷없이 큰소리로 질문을 던졌다.

"엄마! 엄마는 제일 힘들었던 때가 언제야?"

엄마는 내 갑작스러운 질문에 놀라셨나 보다. 날 빤히 쳐다보셨다. 그 순간, 난 엄마의 얼굴에 스치는 슬픔을 놓치지 않았다. 정말 순간이었지만 슬픔이 가득 묻어났다.

"하하하!"

엄마는 갑자기 박장대소를 하셨다. 민망하게시리. 민망해서 나도 같이 따라 웃긴 했지만 기분이 묘했다. 순간 스쳐갔던 그 어두운 그림자는 내 착각이었을까? 웃음이 멈추고 엄마가 진지한 표정으로 말을 하셨다.

"나는 엄마가 돌아가셨을 때가 제일 슬펐어."

그러셨구나. 코가 찡했다. 뭐 별다른 이야기를 듣지도 않았는데 내 눈엔 눈물이 그렁그렁해졌다. 엄마는 슬픈 이야기인데 담담하게 말을 이어갔다.

"처음 고등학교 선생님을 했을 때 엄마랑 같이 살았지. 아직 첫 월급도 안 받았기 때문에 월급에 대한 기대도 컸어. 그래서 첫 월급을 받으면 한 번도 선물을 사드린 적 없는 우리 엄마, 그러니깐 너희 외할머니께 빨간 내복 한 벌 사드린다는 약속도 했어. 그 시절 나는 항상 엄마가 챙겨주던 도시락을 들고 학교에 출근했는데……."

엄마가 잠시 말을 멈췄다. 짧은 호흡이었지만 내겐 아주 긴 시간으로 느껴졌다.

"도시락, 그 도시락 때문에 사고가 났어. 엄마가 첫 월급을 타기 일주일쯤 전이었을 거야. 비가 정말 많이 오던 날이었는데 엄마는 도시락 반찬거리를 사러 시장에 가는 길이셨어. 그 시장을 가는 길에 횡단보도가 하나 있었어. 그 옆엔 언덕이 있어서 내려오는 차들은 속도를 줄여야 하는 곳이었어. 외할머니께서는 횡단보도를 건너고 계셨는데 어떤 회사 통근버스가 언덕을 빠르게 내려오더니 순식간에 할머니를 덮쳐버린 거야. 너희 할머니는 곧 구급차에 실려 가셨지만, 결국 돌아가셨어. 그 기사 아저씨는 그날처럼 비가 많이 오는 날 그 횡단보도를 건너려는 사람은 없을 거라 생각하고 방심한 거지. 그래서 속도를 줄이지 않았고, 눈앞에 계시는 우리 엄마를 보았을 때는 이미 늦었던 거야.”

슬픈 얘기다. 그런데 엄마 목소리는 의외로 담담했다.

“조금만, 조금만 늦게 가시지. 그랬다면 엄마는 할머니와 한 약속을 지킬 수 있었을 텐데. 그 생각만 하면 늘 아쉽고, 안타까워.”

난 잠시 가슴이 먹먹했다. 엄마의 엄마가 엄마를 위해 도시락을 싸 주려다 돌아가셨다니, 그 슬픔이 얼마나 클까? 나는 너무 슬퍼서 눈물이 흐르는 줄도 몰랐다.

“엄마, 이제 나가야 돼. 딸, 학교 잘 갔다 오고. 날마다 연락해!”

난 흐르는 눈물을 멈추지도 못하고 엄마가 출근하는 걸 지켜봤다. 제대로 배웅해 드릴 걸. 미안했다.

그날, 샨티학교로 가는 차 안에서 문득 이런 생각이 들었다. 엄마도 결국 누군가의 딸이었구나. 그 슬픔, 웬만해서는 참아내기 힘드셨을 텐데 참 잘 이겨내고 계시는구나, 또 코가 찡해지려고 했다. 강한 우리 엄마. 그렇게 큰 아픔을 담고도 항상 웃고 사는 우리 엄마. 새삼 우리 엄마가 커 보였다.

처음 이 인터뷰 숙제를 받았을 때는 정말 부담스럽기만 했는데, 엄마의 솔직한 이야기를 듣고 보니 참 좋은 숙제란 생각이 들었다. 글을 다 쓰고 나니 두 가지 기쁨이 밀려왔다. 첫째, 우리 엄마를 더 잘 알게 되었고, 둘째, 숙제를 다 했다는 것!

엄마가 왜 꼬치꼬치 따지나 했네

집에 갔을 때 인터뷰를 못해서 글쓰기 수업을 하루 앞두고 엄마에게 전화를 했다. 전화를 해서 엄마한테 글쓰기 숙제로 인터뷰를 할 거라 했다.

"나는 딱히 기억나는 상처가 없는데……."

"그래도 뭐 기억나는 거 없어? 뭔가 힘들었거나, 상처를 받았거나?"

엄마는 곰곰이 생각하더니 말했다.

"이게 상처인지 잘 모르겠는데 일단 들어봐. 엄마가 초등학교 6학년 때야. 한번은 시험을 보는데 선생님이 엄마만 불러서 앞에 나가서 시험을 보라고 했어. 책상을 들고."

난 의아스러웠다.

"엄마가 앞에서 시험을 쳤다고? 혹시 잘해서 앞으로 나간 거 아니야?”

“아니. 엄마가 그 전 시험에서 점수가 높게 나왔는데, 옆에 애들 걸 베껴서 점수를 잘 맞은 줄 알았나봐. 그래서 못 베끼게 하려고 앞으로 나오라고 한 거지.”

난 어이가 없었다.

“헐~ 그 선생님, 너무하다.”

“그치? 그때 당시엔 그게 되게 부끄럽고 자존심 상했어. 그래도 엄마는 보란 듯이 앞에서도 열심히 시험을 쳐서 점수를 잘 받았지!”

엄마는 자랑스럽다는 듯이 말했다.

“그 다음엔 어떻게 됐어?”

난 정말 궁금했다.

“그 다음부턴 앞에 나가서 시험 보라고 하지는 않더라. 그런데 나중에 알고 보니깐 엄마 앞에는 전교 회장이 앉아 있고, 옆에 앉은 애 아빠가 다른 학교 선생님이었던 거야. 그 사이에 엄마가 끼어서 점수가 올랐으니 의심을 했던 거지!”

그래도 그렇지, 그런 선생님은 정말 밉상이다.

“엄마가 어릴 때도 그런 황당하고 나쁜 선생님들이 있었네? 요즘에도 그런 선생님 많은데.”

옛날이나 지금이나 조건이나 환경만 보고 학생을 함부로 판단하는 선생님들이 많다. 그게 학생들에게 얼마나 큰 상처가 되는지도 모르고.

“맞아, 맞아! 그래서 그 뒤로 그 선생님이 시험 점수 하나라도 잘못

채점하면 엄마가 가서 엄청 따졌어. 아마 그때부터 엄마가 공교육에 비판적이었던 것 같네."

엄마가 웃으면서 말했다. '그때부터 공교육에 비판적이었다'는 말에 나도 웃음이 나왔다. 초등학생이 공교육에 비판적이었다니!

"굳이 상처라면 상처지만 엄마는 그 기억 때문에 오히려 더 열심히 하고 의심받지 않으려 노력했어. 그 당시엔 자존심이 많이 상했지만, 그 때부터 따지는 거 하나는 확실히 잘하게 됐지."

엄마가 '잘 따지게 됐다'는 말을 하니 갑자기 두 가지 사건이 떠오른다.

첫 번째 사건

엄마가 나와 함께 길을 걷다가 튀어나온 보도블록에 걸려 넘어졌다. 보통 사람들은 재수 없다고 여기고 그냥 갈 길을 간다. 그러나 엄마는 참지 않았다. 바로 시청에 전화를 해서 보도블록 관리를 어떻게 하느냐 면서 따졌다. 난 조금 창피하기도 했지만, 당당하게 할 말을 하는 엄마가 멋있다고 느끼기도 했다.

두 번째 사건

얼마 전 학교 옆 슈퍼에 아이스크림을 사먹으러 간 적이 있다. 내 주 머니에 있는 돈은 백 원짜리 4개와 십 원짜리 10개였다. 난 오백 원짜리 아이스크림을 골랐고, 돈을 냈다. 그런데 내 돈을 받은 아줌마가 정색을 하며 말했다.

"10원 짜리는 안 받아."

난 너무 황당했다.

"10원 짜리는 돈 아니에요?"

따지긴 했지만 내 목소리는 기어들어갔다. 내가 당당히 항의하지 못하는 걸 봐서인지 아줌마는 내 말을 가볍게 무시했고, 결국은 아이스크림을 사지 못했다. 나중에 똑같은 돈을 들고 다른 애들이 가서 아이스크림을 사다줬다. 난 더 황당하고 어이가 없었다.

그때 들었던 생각, '우리 엄마가 있었으면 내가 무시를 당하지 않았을 텐데' 하는 거였다. 만약 엄마가 그런 상황에 처했으면 어땠을까 하고 상상하다가 나도 어느 정도는 엄마처럼 당당하게 말할 줄 알아야겠다고 다짐했다.

난 그런 생각을 하며 엄마에게 말했다.

"아! 그래서 엄마가 잘못 된 거 있으면 참지 않고 다 말하는구나."

엄마는 웃었다.

"잘못된 거든, 잘된 거든 다 말하지."

난 엄마가 꼬치꼬치 따질 때 조금 거북하기도 했는데, 엄마 어릴 때 사연을 듣고, 내 경험도 연결시켜 보니 엄마를 어느 정도 이해하게 됐다. 엄마와 대화를 나누면 늘 내 얘기만 화제의 중심이었는데 엄마의 어릴 적 얘기를 하니 색다른 기분이었다. 따지고 보면 내 얘기만 하는 건 불공평하다. 대화는 두 사람 얘기를 다 해야 하니까. 갑자기 엄마가 어떻게 살았는지 몹시 궁금해졌다. 앞으로는 엄마에 관한 이야기를 많이 나눠야겠다. 그래야 엄마를 더 잘 알게 될 테니까.

자식이 자라서 부모가 된다

소정이는 엄마의 엄마(할머니)가 엄마를 위해 도시락을 준비하다 돌아가신 얘기를 듣습니다. 슬픈 얘기를 담담히 들려주는 엄마가 새삼 대단해 보입니다. 엄마도 누군가의 딸이라고 생각하니 엄마가 친근하게 다가옵니다. 엄마의 힘겨움이 무엇인지 들려달라는 질문을 던지기까지는 정말 힘들었는데. 정말 잘했다는 생각이 듭니다. 아주 좋은 숙제라고 평가하지요. (처음엔 절 엄청 원망했습니다.^^)

고운이는 평소 엄마가 따지는 모습을 보며 살짝 마음에 안 들었습니다. 물론 멋지다고 느낄 때도 있었지만, 조금 심하다 싶은 경우도 있었지요. 그러다 엄마가 왜 그렇게 따지는 사람이 되었는지 알게 됩니다. 자기 경험을 덧붙여 생각해보면서 엄마를 이해하고, 엄마를 더 좋아하게 됩니다. 또한 자기 삶이 아니라 엄마의 삶을 중심에 두고 대화를 나누고 싶은 소망도 생깁니다.

『딸들이 자라서 엄마가 된다』(수지 모건스턴)는 같은 사건을 엄마와 딸이 각자의 시선으로 바라보는 이야기를 담고 있습니다. 똑같은 사건인데도, 함께 겪는 일인데도 엄마와 딸이 어쩌면 그리 다르게 보는지 정말 신기하기만 합니다. 그런데 생각해보면 당연합니다. 10대에는 10대의 눈으로 보고, 부모는 부모의 눈으로 보기 때문이죠. 차이를 인정한다는 표현을 하기는 쉽지만 실제 삶에서 차이를 있는 그대로 받아들이기란 무척 어렵습니다. 난 어쨌든 내 눈으로 세상을 보지 다른 사람의 눈으로 세상을 보는 건 아니기 때문입니다. 가능한 건 오직 하나, 상대의 처지가 그렇구나 하고 인식하는 것입니다. 온전히 이해하지는 못하지만, 상대의 시선이 나와 다를 수 있다는 점이라도 인정하고, 어떻게 다른지 어느 정도 알기만 해도 갈등은 훨씬 줄어듭니다.

부모도 예전엔 누군가의 자식이었습니다. 자식들도 자라서 누군가의 부모가 됩니다. 서로의 위치를 옮겨가며 삶은 끊임없이 이어집니다. 삶은 어느 한 순간에 멈추지 않습니다. 수백만 년 전부터 부모와 자식의 관계를 이어가며 인간의 삶은 계속 이어졌습니다. 거대한 순환의 고리 속에 사는 자기 삶을 인식할 때, 서로에 대한 불신은 줄고 믿음과 사랑은 훨씬 커집니다. 여러분도 언젠가 부모가 됩니다.

자식을 돌볼 수 없는 엄마의 고통

엄마를 떠올릴 때면 울컥할 때가 많다. 왜 그렇게 힘들어 보이시는지. 나는 내가 힘들 땐 힘들다고 엄마에게 가끔이나마 말하지만 엄마는 힘들단 말을 단 한 번도 안 했다. 속으로 삭이는 듯했다. 묵은 지 같은 엄마의 짐들을 덜어주고 싶었다. 엄마에게 전화를 했다.

"엄마, 오늘 친구가 자기 엄마 얘기를 하는데 너무 와 닿았어. 그 친구 엄마가 과거에 정말 큰 아픔을 겪으셨는데, 그 아픔으로 인해 많이 힘드셨나 봐. 엄마의 아픔을 들으니까 엄마를 이해하게 되고, 정말 고맙고 미안하단 생각이 들었대. 나도 그 친구 얘기를 듣고 보니까 나도 엄마에게 궁금한 게 생겼어."

엄마는 평소처럼 온화한 말투로 "궁금한 게 뭔데?"하고 말씀하셨다.

"엄마는 지금까지 살아오면서 언제 가장 힘들었어? 혹시 숨겨둔 아픔 없어?”

엄마는 머뭇거리지도 않고 대답하셨다.

“너랑 정우를 샨티학교에 보내놓고 너는 적응 잘하고 행복해 보이는데, 정우는 적응을 못해서 속상하고 힘들었지.”

“그거야 나도 다 아는 얘기잖아. 그거 말고 다른 건 없어?”

엄마는 잠시 말이 없었다. 전화라 얼굴을 볼 순 없었지만 침대에 엎드려 전화기를 붙든 채 무언가 골똘히 생각하고 계시리라.

“2002년이었어. 작은고모에게 빚보증을 섰다가 그야말로 사기를 당했지. 작은고모는 우리를 속였어. 우린 아무것도 모르고 작은고모를 믿었다가 엄청난 빚더미를 안게 됐지.”

아! 그 사건! 나도 지나가는 말로 조금씩 흘러들어서 대충은 알지만 정확히는 모르는 사건이다. 난 우리 집을 위기에 몰아넣었다는 그 사건을 듣자 약간 가슴이 떨렸다.

고모에게 사기를 당하기 전 우리 집은 아빠가 벌어오는 돈으로 남부럽지 않게 살았다. 아빠는 “여자가 밖에서 무슨 돈을 버냐!”며 엄마를 집에만 계시게 했다. 엄마도 어린 나와 동생을 돌보며 행복해 했다.

행복하던 우리 집에 어느 날 느닷없이 빨간 딱지가 붙었다. 나는 어려서 그게 뭔지 몰랐는데 법원이 우리 집 물건을 경매에 붙이기 위해 붙이는 딱지였다. 빚을 갚지 않으면 강제로 우리 집 물건을 모조리 빼앗아 가겠다는 표시, 빨간 딱지! 아빠는 집안 곳곳에 붙은 빨간 딱지를 보며 고모 때문에 이렇게 됐다면서 화를 삭이지 못했다. 엄마가 외할머니께 돈을 빌려 겨우 빨간 딱지의 공포에서 벗어났다.

빨간 딱지는 사라졌지만 우리 집은 다시 예전처럼 넉넉한 가정으로 돌아가지 못했다. 고모가 진 빚을 우리가 다 갚아야 했다. 엄마는 어쩔 수 없이 일을 나가야 했다. 아빠는 엄마가 일 나가는 걸 극히 싫어했지만 어쩔 수 없었다. 아빠는 자존심이 상해서 많이 속상해 하셨다.

"엄마가 일을 시작한 뒤부터 네가 정우 데리고 유치원에 다녔잖아."

기억난다. 난 그때 정말 힘들었다. 나도 어린데 동생을 챙기며 다니는 건 정말 지독한 고역이었다. 내 인생에서 동생은 벗어 버리고 싶지만 벗을 수 없는 짐 같은 존재였다. 돌봐줘야 하고, 책임져야 하는 귀찮은 짐이었다. 난 그때 동생이 무작정 싫었는데, 그게 고모 때문이었다니, 고모가 사기만 치지 않았어도 내게 그런 일이 생기지 않았다고 생각하니 고모에 대한 분노가 솟구쳤다. 엄마가 내게 과중한 짐을 준다며 속으로 엄마를 무던히도 원망했는데, 엄마도 어쩔 수 없었던 상황이란 걸 알게 되자 원망이 눈 녹듯 사라졌다.

"그래서 엄마가 일을 나가고, 나와 정우가 그렇게 힘들게 지냈구나."

"그래 맞아. 엄마는 늘 마음이 아팠어. 내가 돌봐주면 아무런 문제없이 컸을 너희들인데, 착한 애들인데, 괜히 그런 일이 생겨서 너희를 돌보지도 못하고……"

가슴이 먹먹했다. 전화기 너머로 엄마의 눈물이 보이는 듯했다.

"네가 날마다 정우 데리러 가고, 밥도 제대로 못 먹고 늦은 시간까지 기다리고, 정우는 동네에서 돌아다니다가 동네 아줌마들이 울고 있는 거 데려가서 먹을 거를 주고, 네가 정우 코 찔찔 흘리는 거 닦아주고, 그 모든 게 다 고모 때문이었어."

엄마와 아빠는 고모를 정말 미워했다. 나도 엄마와 아빠가 고모를 미워하는 건 알았다. 다만 이유를 정확히 몰랐을 뿐이었다. 엄마 말을 듣고 보니 미워하지 않으면 정상이 아니란 생각이 들었다. 나도 고모가 너무 미워졌다. 꼴도 보기 싫었다.

그러고 보니 예전에 고기 먹든 일이 생각난다. 몇 년 전 할머니 생신 인데 고모가 밥을 산다고 했다. 아빠가 심통이 난 듯 우리 형제에게 말했다.

"오늘은 고모가 사니까 먹고 싶은 대로, 왕창 먹어라!"

메뉴는 소고기였다. 평소에 비싸서 제대로 먹지 못했던 소고기인지 라 나와 동생은 아빠 말을 믿고, 눈치 보지 않고 정말 엄청나게 먹었다. 그날 가족이 20명 넘게 모여서 먹었는데, 절반 정도를 우리 식탁에서 먹어 치웠다.

고기를 배불리 먹고 나가는데 아빠가 칭찬했다.

"많이 먹었지? 잘했어! 진짜 잘했어!"

맛있는 소고기 실컷 먹고, 칭찬도 듬뿍 들으니 정말 기분이 좋았다. 그때 왜 그렇게 아빠가 일부러 비싼 소고기 많이 먹으라고 했는지 몰랐는데, 사연을 모두 알고 나니 그때 한 점이라도 더 먹을 걸 하는 아쉬운 마음까지 들었다.

통화가 끝날 때쯤 엄마 목소리는 평소답지 않게 정말 무거웠다. 전화를 끊고 나니 예전에 동생을 돌보던 일이 새록새록 떠올랐다. 그때는 정말 힘들고 싫었다. 속으론 원망하면서도 투정 한 번 부리지 않았지만 언젠가는 그때 너무 힘들었노라고 엄마에게 항의라도 해보고 싶었다. 그런데 엄마의 감춰진 사연을 알고 나니 그런 마음이 완전히 사라졌다. 그때 내가 꾹 참으며 동생을 돌봤던 일이 은근히 자랑스럽게 느껴졌다. 내가 투덜거리지 않고 동생을 돌봤기 때문에 엄마는 그나마 꾹 참으면서 일을 하실 수 있었을 테니까…….

전에도 고모를 좋아하진 않았지만, 사연을 모두 알고 나니 정말 고모가 미웠다. 미움이란 말도 부족하다. 그래, 증오가 어울린다. 우리 가족의 행복을 빼앗고, 엄마의 웃음을 빼앗고, 아빠의 자존심을 빼앗고, 나와 동생의 행복한 어린 시절을 빼앗아 간 고모는 우리 집의 원수다. 그런 원수를 향해 난 할 수 있다면 실컷 욕을 해주고 싶다. 밖에 원수가 생기면 안으로 단단히 뭉친다고 하더니, 새삼스럽게 우리 가족이 좋아진다. 밉게만 보였던 동생도 아껴주고 싶다. 강신우인

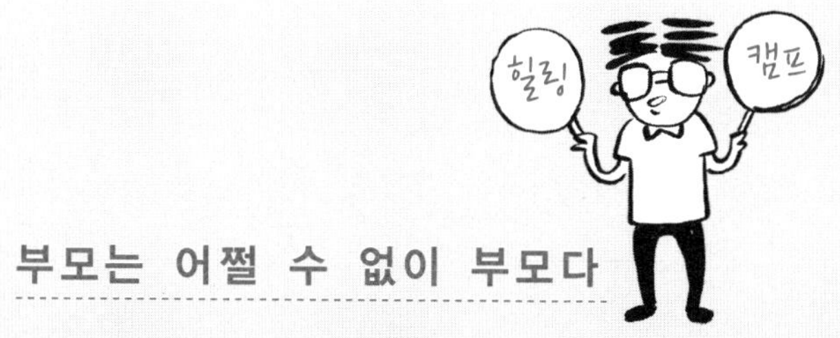

부모는 어쩔 수 없이 부모다

신우는 어릴 때 자기 형제를 따스하게 돌봐주시던 엄마가 갑자기 일을 나가게 되면서 동생을 돌봐야 했습니다. 자기를 챙기기도 벅찬 어린이가 동생을 돌봐야 하니 정말 힘들었습니다. 착한 신우는 꾹 참았지만, 원망이 생길 수밖에 없었습니다. 동생이 괜히 미웠습니다. 그런데 이제와 알고 보니 그 모든 게 고모가 사기를 친 탓이라니! 고모로 인해 그 모든 고통이 시작되었다니! 몰랐던 비밀을 알고 나니 엄마에 대한 원망도, 동생을 미워하는 마음도 싹 사라졌습니다. 비밀을 알고 나니 동생을 군말 없이 돌봤던 자신이 은근히 자랑스러워졌습니다. 그래서 고통을 나눠야 합니다. 자식에게 짐을 지우면 안 되지만, 아픔을 공유하면 자식은 엄마, 아빠를 이해하고, 엄마, 아빠를 사랑하는 마음이 생깁니다.

가난한 집 아이들이 부모에게 감사하는 마음이 대체로 강하다고 합니다. 자신들을 제대로 키우기 위해 부모님이 얼마나 힘들게 노력하시는 지 알기 때문이지요. 아픔과 고통을 나누는 목적도 동일합니다. 부모의 힘겨움을 모두 알려줄 필요는 없지만, 자식이 어느 정도 나이가 되면 알려주고, 그 아픔을 느끼게 하는 게 필요합니다. 아픔을 나누는 관계가 가족입니다.

『바르톨로메는 개가 아니다』(라헐 판 코에이)에서 바르톨로메는 지독한 장애인입니다. 오늘날에도 장애인은 인간 대접받기 어려운데, 수백 년 전 유럽에서 바르톨로메는 말 그대로 개 취급을 받았습니다. 황제의 딸은 바르톨로메를 인간개로 만들어서 데리고 놉니다. 그때 황궁에서 일하던 바르톨로메의 아버지는 바르톨로메를 일절 보호하지도 않고, 공주님 명령만 따릅니다. 바르톨로메는 그런 아버지가 원망스럽지만 어쩔 수가 없습니다. 그러다 아버지는 바르톨로메가 위기에 처한 순간에 아버지로서 애정을 드러냅니다. 바르톨로메를 보호해주지 못한 잘못을 사과하고, 바르톨로메가 인간으로 살아가는 길을 열어주는데 큰 도움을 줍니다. 바르톨로메의 아버지는 아버지로서 역할을 포기하고 싶어도 포기할 수 없는 사람이었습니다.

『0에서 10까지 사랑의 편지』(수지 모건스턴)에서 어네스트의 아버지도 마찬가지였습니다. 아내가 죽고 삶의 무게를 감당하지 못하고 도망쳤던 아버지는 늘 어네스트를 지켜보며 편지를 썼습니다. 하루도 빠짐없이 날마다 편지를 썼습니다. 그 편지는 나중에 어네스트에게 한꺼번에 배달됩니다. 어네스트는 아버지가 자신을 계속 지켜보며, 사랑을 쏟았다는 사실을 알고 감동을 받습니다.

비록 어느 순간 아버지가 아버지 노릇을 제대로 못하더라도 아버지는 아버지입니다. 아버지는 어쩔 수 없이 아버지로서 책임을 안고 살아갑니다. 엄마도 마찬가집니다. 부모의 본심을 조금이라도 이해하게 되면, 많은 10대 청소년들이 품고 있는 부모를 향한 원망이 많이 줄어들 거라 믿습니다. 부모와 자식은 끊으려 해도 끊을 수 없는 질긴 인연으로 맺어진 사이입니다. 피는 물보다 진하고, 혈연은 그 어떤 인연보다 질깁니다.

내게 남겨진 숙제

부모님 인터뷰를 해오라는 시우샘의 구박을 받으면서도 계속 미적거렸다. 다른 애들도 제대로 해오지 않는 걸 핑계로 나도 미뤘다. 솔직히 부모님의 힘겨운 과거를 인터뷰한다는 게 만만한 일처럼 보이지 않았다. 부모님의 힘겨움을 주제로 부모님과 대화를 나누려고 하니 어색했다.

평소에도 난 어른들 이야기를 거의 듣지 못한다. 무슨 비밀이 그렇게 많은지 물어보면 항상 "어른들 일이야."하며 내겐 모두 숨기기만 한다. 그런 엄마를 인터뷰해야 하다니, 정말 어렵게 결심해야만 했다. 인터뷰를 하기로 결심하고 나니 궁금증이 생겼다. 엄마의 비밀은 뭘까? 엄마에게 숨겨진 비밀을 은근히 들여다볼 기회를 얻는다고 생각하니 약간 설레기도 했다.

띠리리리리링.

조금 뒤 엄마가 "우리 막내딸!"하며 반갑게 전화를 받으셨다. 엄마는 늘 밝은 목소리로 전화를 받는다. 밝은 목소리에 긴장했던 마음이 조금 풀렸다. 나는 엄마에게 조심스럽게 물었다.

"엄마, 엄마가 제일 힘들었던 적은 언제야? 어떤 일이었어?"

"제일 힘들었던 적?"

엄마는 잠시 생각을 하는지 아무 말도 없었다. 과연 어떤 대답이 나올까? 살짝 가슴이 뛰었다. 잠시 뒤 엄마는 뭔가 생각이 났는지 말문을 열었다.

"흠. 엄마는 예인이가 초·중학교 때 방황했던 시절이 제일 힘들었어."

이런, 이건 내 얘기다.

"초등학교 때 네가 왕따를 당해서 많이 힘들었던 일 기억나지?"

"응."

난 소심하게 대답했다.

"네가 친구 관계 때문에 항상 우울해하는 모습을 볼 때마다 엄마는 정말 힘들었어."

나는 입을 다물었다. 턱에 살짝 힘이 들어갔다. 잊고 지내던 상처들이 하나씩 떠올랐다. 엄마가 곧이어 말을 이었다.

"네가 왕따를 이기지 못해 다른 곳으로 전학을 갔는데, 그곳에 가서도 왕따를 당하고, 그러면 또 옮겨 갔지. 너는 어렸을 때부터 모든 일에 관계가 안 좋아서 많이 힘들어 했지. 견디다 못해 우울증이 오고, 몸까지 안 좋아져서 입원도 하고, 심리 치료도 받고. 옆에서 널 지켜보는 엄마는 너무 힘들고 괴로웠어."

악몽처럼 과거 일이 떠올랐다. 싫었다. 끔찍했다.

"더욱 힘들었던 건 네가 맞서지 않고 항상 뒤에 숨기만 했다는 거야. 그게 왕따를 당한다는 사실보다 엄마는 너무 답답하고 안쓰럽고 힘들었어."

왕따, 꼬이는 인간관계, 숨어 있는 나……. 머리가 미로처럼 꼬였다. 난 힘겹게 말을 꺼냈다.

"그래, 엄마가 말하니까 다 생각나. 그때 많이 힘들었는데, 정말 힘들었는데……."

난 머리를 한 번 흔들었다. 이건 내 인터뷰가 아니다. 엄마 인터뷰다. 내 얘기가 아니라 엄마 이야기를 담아야 한다. 난 곧바로 질문을 바꿔서 던졌다.

"지금은? 지금은 힘든 거 없어?"

"지금? 지금은 괜찮아. 네가 샨티학교에 간 뒤 밝아지고, 속도 깊어지고, 뒤로 숨지 않고, 당당하게 살아가는 모습을 볼 때마다 엄마는 정말 행복해!"

더 파고들고 싶었다. 그렇지만 난 머뭇거렸다. 엄마의 옛 이야기, 엄마의 숨겨진 얘기를 듣고 싶었는데 결국 난 그걸 물어보지 못하고 인터뷰를 끝내고 말았다. "엄마는 우리 딸이 정말 자랑스러워."하는 밝은 목소리를 들으며 전화를 끊었다.

엄마와 전화를 끊고 나니 옛날의 상처들이 다시 떠올랐다. 나는 초등학교 4학년 때부터 중학교 1학년까지 인관관계가 그리 좋지 못했다. 처음엔 좋았다. 난 붙임성이 있어서 처음엔 잘 사귀었다. 그러나 조금만 지나면 충돌이 생기고 심하면 왕따로 이어졌다.

친구 관계가 자주 힘들어지자 나는 위경련에 우울증까지 나타났고, 다른 아이들이 학교 갈 때 나는 항상 집에서 숨어 있었다. 피하고, 숨고, 한없이 작은 과거의 나! 그런 나를 정말 한동안 잊은 채 지냈다. 솔직히 다시 생각해도 힘들다. 그러나 그런 힘겨움을 겪어서인지 이젠 웬만큼 힘든 일은 별로 힘들다는 생각도 하지 않는다. 그러고 보면 마냥 나쁜 경험만은 아니었다. 그래도 이만큼 당당하게 된 게 다 그런 일을 겪어서인지도 모른다.

인터뷰를 끝냈는데 한편으론 참 아쉬웠다. 결국 엄마는 엄마 이야기는 하지 않고 내 얘기만 하고 말았다. 엄마를 알 수 있는 좋은 기회였는데. 물론 엄마가 날 가장 걱정하고, 사랑하는 건 분명히 확인해서 기쁘기도 했지만 엄마를 더 잘 알고 싶다는 욕심이 채워지지 않아 허전했다.

나는 엄마에 대해서 잘 모른다. 엄마가 엄마 인생으로 살면서 힘든 게 무엇인지, 과거에 어떤 상처를 받았는지, 무엇 때문에 괴로워했는지 하나도 모른다. 엄마는 평소에도 비밀이 많다.

한번은 엄마에게 이렇게 물은 적이 있다.

"엄마! 엄마는 나한테 왜 그렇게 비밀이 많아?"

"네가 걱정할까봐 비밀로 하는 거지. 어른들 얘기니 넌 몰라도 돼!"

난 이렇게 대꾸하고 싶었다.

"난 아직 어리지만 가족인데 나한테 너무 비밀이 많아. 나도 알 권리가 있어."

물론 이건 마음으로만 한 대꾸다. 난 그냥 속으로 궁금증만 가득 안은 채 지내왔다. 내게 엄마는 베일에 싸여 있는 존재다. 부모님 인터뷰 과제가 베일에 싸인 엄마를 조금이라도 탐색해보라는 거였는데 그걸 제대로 하지 못해서 안타까웠다.

일생생활을 할 때 난 엄마와 꽤나 친하다고 느꼈다. 그러나 인터뷰를 하고 보니 내가 엄마에 대해 아는 게 정말 없다는 사실을 새삼 깨달았다. 내 인터뷰 과제는 끝났지만 내겐 진짜 큰 숙제가 생겼다. 엄마의 비밀을 알아내기! 엄마와 제대로 속 이야기를 나누며, 엄마의 아픔을 들여다보기! 이젠 제대로 엄마의 비밀을 파헤칠 거다. 진짜 가족이라면 비밀도 나눠야 하는 거다. 난 그렇게 믿는다.

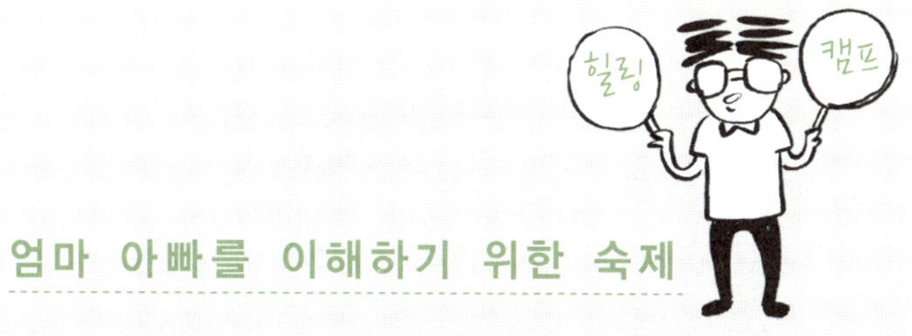

엄마 아빠를 이해하기 위한 숙제

예인이는 엄마를 인터뷰하다 결국 자신의 과거를 들여다봤습니다. 묻어두었던 아픔이 엄마와 대화를 하다 보니 드러났고, 다시 되돌아보며 그때의 아픔이 꼭 삶에 나쁜 영향을 끼치는 것만은 아님을 깨닫습니다. 큰 성과였죠. 그러나 아쉽게도 엄마 얘기는 끝까지 듣지 못합니다. 예인이는 엄마 얘기가 궁금했습니다. 결국 그건 숙제로 남아버렸습니다.

이 책을 읽은 10대들에게도 과제를 드리겠습니다. 엄마와 아빠, 할머니와 할아버지의 아픔과 상처가 무엇인지 인터뷰해보세요. 인터뷰하고 글로 써보기 바랍니다. 이건 숙제입니다. 학교나 학원 숙제와 달리, 숙제 검사는 여러분 자신이 하면 됩니다.

자녀 세대는 부모 세대의 아픔과 고통을 잘 모릅니다. 부모를 한 명의 인간으로 대할 줄도 모릅니다. 성공적으로 인터뷰를 진행한 샨티학교의 친구들은 부모의 아픔을 대한 뒤 부모와 더 가까워졌다고 기뻐했습니다. 부모를 한 인간으로 더 친밀하게 느끼게 돼서 너무 좋다고 했습니다. 그동안 쌓였던 불만과 원망이 풀어지는 느낌도 받았다고 했습니다. 자기만의 세상에서 벗어나 부모를 이해하고, 자신을 돌보는 힘을 키웠다며 뿌듯해했습니다.

『프랑켄슈타인』(메리 W. 셸리)에서 프랑켄슈타인은 괴물을 만들어냅니다. 광기에 휩싸여 괴물을 만들었던 프랑켄슈타인은 괴물이 실제로 살아 움직이자 그 끔찍함에 놀라 도망칩니다. 괴물은 자신의 창조주가 자신을 버렸다는 사실에 괴로워합니다. 이 세상 모든 이들이 자신의 외모만 보고 끔찍하게 저주하는 걸 경험하고 분노합니다. 괴물은 프랑켄슈타인에게 자신과 똑같은 존재인 여성을 만들어 달라고 요구하지만, 프랑켄슈타인은 거부합니다. 괴물은 프랑켄슈타인이 사랑한 사람을 모조리 죽임으로써 복수를 합니다. 프랑켄슈타인은 괴물을 죽이기 위해 북극해까지 쫓아갑니다. 마지막 순간 프랑켄슈타인이 죽고 괴물은 눈물을 흘리며 후회합니다. 괴물이 프랑켄슈타인에게 진실로 원한 건 자신을 향한 사랑이었습니다. 사랑까진 아니어도 자기 존재를 인정하고 받아들여주기를 바랐습니다. 그렇게만 했다면 그런 무자비한 복수는 하지 않았을 테지요.

괴물은 몰랐습니다. 자신을 창조한 프랑켄슈타인도 나약하고 외로운 사람이었음을 몰랐습니다. 괴물도 프랑켄슈타인도 상대의 진면목을 몰랐기에 서로를 헤치고, 증오하다 파국을 맞고 맙니다. 그들이 진지하게 서로를 이해하고, 상대의 처지에 공감을 했다면 비극적인 종말을 피할 수 있었을지도 모릅니다.

　인간은 누구나 아픔을 지닌 채 살아갑니다. 아프기에 인간입니다. 엄마, 아빠도 아픔을 지닌 채 살아가는 한 인간입니다.

행복은 누군가가 주는 선물이 아니라,

내가 만들어 내는 작은 기억입니다.

행복을 발견하면 삶이 갑자기 마음에 들게 바뀝니다.

행복을 발견할 줄 아는 능력,

오늘을 사는 10대들에게 가장 필요한 능력입니다.

물론 어른들에게도 너무나 필요한 능력이지요.

나는 내 삶이 참 마음에 든다

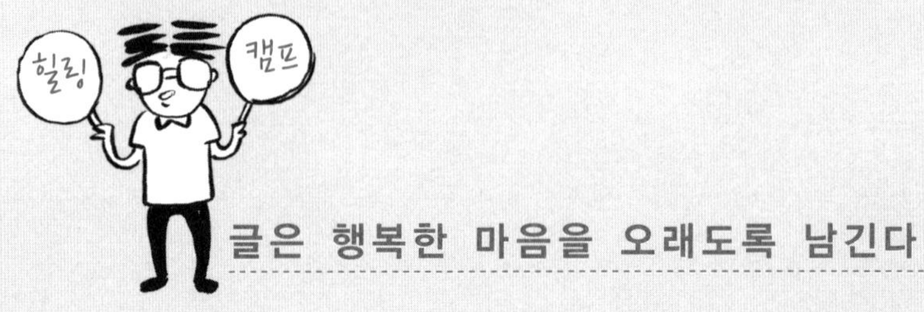

글은 행복한 마음을 오래도록 남긴다

1998년 8월 3일, 새벽 4시 30분.

전 4시간 반의 통화를 마치고 서울 동대문 앞에서 인천 동암역 앞까지 가는 택시를 잡아탔습니다. 하늘은 빗물이 꽉 채울 듯했지만, 제 심장이 설레는 정도엔 미치지 못했습니다.

"보고 싶다."

"그럼 와."

4시간 반의 통화 끝에 나눈 대화가 저를 그녀에게 이끌었습니다. 비는 미친 듯이 퍼부었지만 전 아랑곳하지 않았습니다. 사랑하던 이가 저의 사랑을 받아준다는데 시간과 거리, 쏟아지는 폭우 따위는 아무런 장벽이 되지 않았습니다.

새벽 5시.

동암역 앞 어느 골목길.

가로등 불빛 살짝 뒤에 서서 우산을 들고 기다렸습니다. 1초가 1년 같은 시간이었지요. 제 시선은 오직 한 곳만으로 뚫어져라 향했습니다. 수십 년, 아니 수백 년의 시간이 지난 뒤에 그녀가 골목길에서 나타났습니다.

빗방울 하나하나가 멈춘 듯했습니다. 그녀의 발걸음을 따라 방울방울 떨어지는 빗물들이 박자를 맞추었습니다. 지금까지 본 영화의 그 어떤 장면도 그렇게 아름다운 순간을 만들어 내진 못했다고 확신합니다. 1분도 되지 않은 시간이 길게 늘어져 제게 다가왔습니다. 그 미소, 그 몸짓, 우산의 빛깔, 가로등 불빛에 붙잡혀 천천히 떨어지는 빗방울까지 완벽한 순간이 제게 다가왔습니다.

제게 진정한 사랑이 찾아온 순간입니다. 제 아내가 저의 고백을 받아들인 그날의 사건입니다. 전 오랜 기간 아내와 살면서 힘든 일이 생길 때, 다툼이 생길 때, 서운함이 생길 때마다 그 순간의 기억을 떠올립니다. 그때 제게 찾아왔던 천사를 기억합니다. 그 순간의 행복, 넘치도록 짜릿했던 기억이 제 삶을 지탱하고 유지하게 해줍니다. 제 인생을 행복으로 가득 차게 해줍니다.

10대들에게 그런 기억을 만들어주고 싶었습니다. 슬픈 기억은 넘치는데 행복한 기억은 찾지 못해 어쩔 줄 모르는 10대들에게 행복은 선물이 아니라 내가 만드는 기억이란 사실을 깨우쳐주고 싶었습니다.

『행복이 찾아오면 의자를 내주세요』(미리암 프레슬러)란 책이 있습니다.

그 책의 제목처럼 행복이 찾아오면 행복이 내 곁에 앉을 수 있도록 의자를 내주어야 합니다. 여러분은 잘 모르겠지만 우리 주위엔 이미 행복이 많이 찾아와서 서성이는 중입니다. 지금 불행한 건 단지 내가 의자를 내주지 않았기 때문입니다.

기쁨은 기억하지 않으면 사라집니다. 지금은 내게 찾아온 행복에게 의자를 내줄 때입니다. 의자를 내주는 가장 좋은 방법은 글로 남기는 것입니다. 흔히 기쁨의 기억을 남기기 위해 사진을 찍거나 동영상을 남기는데, 더 강렬하고 정확한 건 글입니다. 사진과 동영상은 겉은 기록하지만 행복한 마음은 기록하지 못하기 때문입니다. 행복을 글로 기록하면 언제든지 꺼낼 수 있습니다. 글로 남길 때 행복은 오래도록 내 삶을 기쁨에 젖게 합니다. 행복을 기록하세요. 행복과 함께 의자에 앉아 기쁨을 누리십시오.

아름다운 여름밤의 사랑 고백

낮은 찌는 더위로 짜증이 몰려오고, 저녁은 시끄러운 매미소리로 귀찮은 한여름이었다. 나는 아침부터 마음이 급했다. 내 마음을 고백하고 싶은 상대가 나타났는데 내일부터 멀리 떠나야 하기 때문이다. 그래서 아침부터 계속 기회를 엿봤다. 이런 기회를 기다린 게 어쩌면 늦은 봄부터였는지도 모른다. 이런 내 마음과 이런 하늘, 그리고 이 시간을 난 애타게 기다렸다. 낮에는 기회가 생기지 않았다. 저녁 시간에 기회가 생기길 빌었다. 마음은 서희에게 향하는데 난 엉뚱하게도 일상생활에 더욱 에너지를 쏟았다.

저녁을 먹고 서희 주위를 서성였다. 내 생각은 오직 하나뿐이었다. 17년을 살면서 단 한 번도 이런 느낌이 든 적도, 이런 걸 해보리라 생각한 적도 없던 나였기 때문에 떨림은 내 온몸을 지배했다. 불이 켜진 교실로 향했다. 그곳에 서희가 있다. 조심스럽게 문을 열었다. 서희와 다른 친구가 보였다. 책상은 내 마음과 어울리지 않게 너무 질서정연했다. 나는 일단 옆 친구에게 말을 걸었다. 평소에 친하게 지내던 사이였기 때문에 자연스럽게 대화를 나눴다. 나는 옆 친구와 대화를 나누면서도 계속 조심스러운 몸짓과 가벼운 미소를 머금은 서희를 바라보며 마른 침을 넘겼다.

며칠 전, 서희는 다른 남학생에게 고백을 받았다. 조심스럽고 미술을 좋아하며 남학생들과 스스럼없이 어울리는 서희를 나만 좋아한다면 도리어 이상한 일이었다. 고백을 받았지만 서희가 거절했다는 말에 얼마나 가슴을 쓸어내렸던가. 그러면서 내 고백도 받아들이지 않으면 어쩌지 하는 걱정이 날 조심스럽게 만들었다.

무의미한 대화가 흘러갔다. 시계 침들이 지나가며 서희와 함께할 시간이 점점 줄어들고 있음을 일깨워주었다. 기회는 얼마 남지 않았다. 점점 뚜렷하게 들리는 벌레들의 울음소리는 날 조급하게 만들었다. 옆 친구와 얘기하면서도 계속 자기만 쳐다보고 불안한 기색을 감추지 못하자 서희도 날 이상하게 보았다. 그 정도면 알아챌 만도 하건만 대화를 나누던 친구는 눈치 없이 계속 내게 말을 걸었다. 어쩔 줄 몰라 할 때 다른 친구가 나타나 눈치 없던 그 친구를 데리고 나갔다. 나는 속으로 만세를 불렀다.

때가 왔지만 어색했다. 친구가 사라진 자리에 기묘한 긴장감마저 감돌았다. 내가 그토록 기다리던 시간이었지만 잠시 동안 난 아무 말도 건

네지 못했다. 침은 마르고 머리카락은 한 올 한 올이 곤두섰다. 1초가 1년 같은 느낌이었다. 어색한 침묵을 깬 건 서희였다.

"오빠, 무슨 할 말 있어? 없으면 나 갈께."

서희의 말에 난 정신을 차렸다.

"아, 아, 아니……."

이대로 보낼까? 안 된다. 절대 안 된다. 이 시간을 놓치면 난 다시 못한다. 서희가 일어서려고 했다.

"자, 자, 잠……잠깐만!"

나는 급한 마음에 더듬거리며 서희를 불러 세웠다. 나가려던 서희는 내 말에 멈춰 섰다. 실내 공간이 답답했다.

"잠깐, 밖에 나가서 얘기하자."

나는 서희의 손목을 가볍게 쥐었다. 서희는 잠시 머뭇거리더니 천천히 내 손에 이끌려 나왔다. 은은한 빛이 감도는 여름밤이었다. 주위의 불빛으로 간신히 서로의 얼굴을 알아볼 정도였다.

"나, 나, 나 너한테 할 말이 있어"

심장이 미칠 듯이 뛰었다. 언제부터 이날을 기다렸던가? 얼마나 이 감정을 억눌러야 했던가? 난 오직 이 순간만을 위해 17년을 산 게 아니던가?

서희가 나를 정면에서 바라봤다. 맑은 눈동자에 나는 숨이 막혀 왔다.

"나, 나 있잖아! 나, 왜 이렇게 떨리지?"

달빛을 머금은 서희의 눈빛이 호수가의 물결처럼 잔잔히 흔들렸다.

“아, 왜 이렇게 떨리냐! 이 말을 하려고 엄청 기다렸는데…….”

서희가 살짝 웃었다. 그 웃음이 나에게 마지막 용기를 주었다.

“나, 나, 있잖아, 나는, 난 말야, 너를, 너를 좋아해.”

순간 정신 줄이 끊어진 듯, 온몸이 하늘로 날아가 별에 박힐 듯했다. 머리는 새하얘지고, 북소리처럼 울리는 심장은 뼈를 부수고 나올 기세였다.

“나, 나는, 나는 너만 보면 기분이 좋아져. 밤마다 너만 생각나고 너의 목소릴 들을 때마다 미쳐 버릴 것 같아.”

나는 어지러운 몸을 힘들게 가누며 심장에 담아두었던 진심을 토해 냈다.

“봐, 봐, 한 번 느껴봐”

나는 서희의 손을 잡았다. 서희의 손을 내 심장으로 끌었다. 서희의 손이 내 심장에 닿았다. 내 심장이 만들어 내는 폭풍우가 서희 손에 고스란히 전해졌다.

“나 태어나서 이렇게 심장이 빨리 뛴 적이 없어, 처음이야. 이 말을 꼭 해주고 싶었어, 나 미칠 듯이 너를 좋아해. 너무 좋아해.”

내 몸과 입술은 파르르 떨렸다. 아니, 온몸이 떨렸다. 서희는 그런 내가 재밌다는 듯 살포시 웃었다. 서희의 눈빛은 내 눈빛을 전혀 피하지 않았다. 눈빛이 뒤섞이면서 정신이 몽롱해졌다. 더 이상 서 있을 수 없었다.

나는 정신없이 교실로 뛰어 들어갔다. 심장의 떨림이 멈추지 않았다.

서희의 답변은 굳이 필요 없었다. 내 진심을 전한 것만으로도 충분했다. 그냥 미칠 듯이 행복했다. 들뜬 마음을 겨우 진정시켜 가는데 아까 그 친구가 조심스럽게 날 불렀다. 그 친구는 나보고 얼른 나오라고 했다. 밖으로 나갔다. 그 친구는 날 불러내더니 기다리라고 말하곤 사라졌다. 잠시 뒤 누군가 나타났다. 희미한 불빛 사이로 누가 걸어오는지 단박에 알아차렸다. 잦아들던 심장이 다시 미칠 듯이 뛰었다. 서희의 맑은 눈이 바짝 다가왔다. 가로등 불빛에 비친 불그스름한 얼굴에 홍조가 가득했다.

“조금 전엔 왜 내 대답도 안 듣고 그냥 뛰어 갔어?”

그녀가 말을 꺼냈다.

“아, 그게, 아니, 너무 기뻐서.”

“뭐가 그렇게 기뻐?”

약간 짓궂은 말투에 화가 난 게 아닌가 걱정스러웠다.

“너한테 고백했다는 게 좀 많이 기뻤어.”

나는 심호흡을 하고 말을 이었다.

“좀 당황했지? 미안해.”

머리를 긁적이며 멋쩍게 웃는 나를 서희는 말없이 바라보기만 했다.

찌르리리리 찌르르르르르르

그녀의 반응을 기다리는데 매미만 목청껏 울었다.

“나도.”

나는 그때 서희의 입에서 나온 그 한마디를 똑똑히 들었다. 나는 몸을 추스르기 힘들었다. 기쁨을 어찌 표현할까? 내게 찾아온 기쁨은 기

나긴 어둠을 몰아내는 아침 햇살보다 눈부셨다. 기쁨의 시간을 영원으로 늘리고 싶던 나에게 잠깐의 시간은 너무나 아쉬웠다.

조용히 날 바라보는 그녀에게 나는 진심으로 내가 하고 싶던 마지막 말을 했다.

"음, 그럼, 나랑, 나랑 사귀어줄 수… 있어?"

서희는 말없이 고개를 끄덕였다. 난 머뭇거리지 않고 서희를 와락 껴안았다. 정말 길고 긴 포옹이었다. 내 아름다운 여름밤은 그렇게 깊어 갔다. 김민규인

장난꾸러기 바람이 뛰노는 일요일 오후

즐거운 기억을 떠올리라고 해서 머릿속을 뒤적이는데 아무리 잡으려 해도 잡히지 않았다. 불행했던 기억을 떠올리라고 하면 쓰나미처럼 몰려오는데 가장 행복한 기억을 떠올리라고 하면 쏙 숨어버리더니 고개만 삐죽 내밀고 "나는 행복하지만 '가장'은 아니야!"하며 내뺀다. 주제는 밝은데 내 마음은 암울해지려고 했다.

아무 생각 없이 고개를 돌려 옆을 봤다. 동하 오빠와 석규 오빠가 있다. 둘은 채수영 선생님 댁에서 나오자마자 서로를 툭툭 치며 장난을 친다. 순간 석규 오빠가 뛰어올라 동하 오빠에게 업힌다. 동하 오빠는 석규 오빠를 업고 저만치까지 달려 나간다. 나보다 나이도 훨씬 많은 오빠들의 장난이 귀엽다. 큰소리로 웃는다. 마음에서 한 녀석이 삐죽하고 다가와서 말한다.

"지금 아주, 아주 재밌지!"

다시 배시시 웃음이 난다. 둘은 장난꾸러기가 되어 바람처럼 일요일 오후를 즐긴다.

우리는 학교 근처 어린이집까지 걸어간다. 거기에 무동이(강아지)가 있다. 석규 오빠는 학교로 가고, 새롭게 합류한 1학년 도현이가 무동이를 데리고 놀았다. 동하 오빠가 무동이를 밀자 무동이가 바로 달려들며 장난스럽게 손을 깨물려 한다. 다시 오빠가 밀자 무동이의 반응이 더 심해진다. 점점 과격해지는 둘의 장난을 난 신기하다는 듯 구경한다. 갑자기 동하 오빠가 무동이의 뒷다리를 잡고 빤히 쳐다보더니 엉뚱한 소리를 한다.

"치킨 먹고 싶다."

동하 오빠의 갑작스런 제안에 나는 반가운 마음으로 바로 "찬성!"이라며 소리친다. 옆에 있던 도현이는 잠시 고민하는 듯하더니 찬성한다. 우리 셋은 치킨 집에 가기로 한다. 우리끼리는 처음으로 가본 치킨 집, 가격표를 보니 생각보다 가격이 싸다! 기쁜 마음으로 간장 치킨을 아저씨에게 주문한다.

치킨이 나오길 기다리는 시간, 살짝 지루함이 느껴질 때쯤 동하 오빠를 쳐다본다. 동하 오빠와 내 눈이 마주친다. 나는 장난기를 참지 못하고 탁자 아래 있는 동하 오빠의 발을 콱 밟는다. 동하 오빠의 표정이 굳어진다. 나에게 밟혀 있던 발을 빼더니 내 발을 콱 밟는다. 동하 오빠의 입술이 씩 올라간다. 얄밉다. 나는 또 내 발을 빼서 또 오빠의 발등을 찍어 누른다. 이번엔 내가 씨익 웃는다.

발을 밟는 장난은 치킨이 나오고 나서야 멈춘다. 기다림 끝에 먹는 간장 치킨은 정말 맛있다. 짭짜름하면서도 달콤한 맛에 퍽퍽하지 않고 쫄깃한 살코기, 너무너무 맛있다. 행복한 치킨이다.

우리의 수다는 치킨이 나와도 멈추지 않는다. 서로 이런 저런 이야기를 하다 보니 내 이야기를 한다. 요즘 내 고민을 동하 오빠에게 털어놓는다. 이야기를 하면서 내 표정이 굳어졌나 보다. 동하 오빠가 진지하게 나를 쳐다보며 말한다.

"너에게 그런 고민이 있다니, 정말 힘들겠구나."

1학기 때 상담 전공 수업에서 배웠던 신뢰, 경청, 명료화가 떠오른다. 나를 걱정해주고 마음을 풀어주려 하는 동하 오빠의 진심을 느낀다. 고맙다. 다시 즐거워지고 장난스런 눈으로 동하 오빠를 쳐다본다. 행복한 느낌이 절로 올라온다.

사람은 행복보다 불행을 더 많이, 깊이 기억한다. 그러다보니 행복들은 불행의 기억들에게 밀려나 마음 구석진 곳으로 쫓겨나기 쉽다. 그리고 불행보다 더 마음의 중심에 있는 추억은 오늘의 기억이다. 뒤를 돌아서 오늘의 하루를 한 번 더 걸어 보자. 그 길이 행복했다면 추억하고 또 추억하자. 그래서 마음 구석에 처박혀 다시 찾기 힘들지 않도록, 조금 더 내 중심에 있도록 해보자. 그렇게 행복과 불행의 차이가 크지 않도록 해보자.

우린 치킨 집을 나온 뒤에도 또다시 장난을 치며 논다. 장난꾸러기 바람이 뛰어노는지 우리의 장난기는 멈출 줄 모른다. 그래, 지금 이렇게 행복하잖아. 그럼 된 거지 뭐. 지금이 가장 행복한 순간이야. 박나영인

메밀꽃 향 가득한 밭에 누워

여름 방학이었다. 나는 발 뼈가 부러졌다. 학교를 오래 쉬어야 하는데 방학이랑 겹쳐서 그나마 다행이었다. 다리가 아파서 밖에 나가지도 못하고 집에만 틀어박혀 있었다. 엄마가 나가면 컴퓨터를 켜고 엄마가 퇴근할 때까지 게임만 했다. 그렇게 지내던 어느 날이었다.

"밥 차려 먹어."

그날도 엄마는 학교로 출근했다. 컴퓨터를 켜려는데 나 자신이 한심했다. 한 달 넘게 이런 생활을 하는 내가 한없이 무기력하게 느껴졌다. 그런 생각은 잠시, 나는 여전히 컴퓨터를 켜고 게임에 빠져들었다. 게임이 잘 안 풀렸다. 난 절뚝이며 밖으로 나와서 햇빛을 맞았다. 햇살이 좋았다. 햇살을 따라 무작정 걸었다. 걸음이 불편했지만 아랑곳하지 않고 햇살의 따스함을 따라서 계속 걸었다.

햇살을 따라 쭉 걸어가다 보니 마을 위쪽 저수지에 다다랐다. 조심스럽게 저수지에 돌을 던졌다. 납작한 돌을 수평으로 던져 퉁겨 오르게 하는 물수제비를 하니 기분이 좋아졌다. 그때부터 뭔가 무기력한 기분이 사라지면서 행복한 기운이 차올랐다. 너무 오랜만에 신선한 공기를 마시고 몸을 써서 그러나 싶었다.

저수지 밑쪽에 메밀꽃이 가득 핀 밭이 보였다. 풀로 우거진 내리막길이 나와 메밀꽃 사이를 가로막고 있었다. 나는 메밀꽃 밭에 가고 싶었다. 하지만 다친 다리로 절뚝거리며 비탈진 언덕을 내려가기엔 무리였다. 그 순간 나는 아무 생각 없이 그냥 굴렀다. 왜 그랬는지는 모르겠다. 그냥 메밀꽃 밭에 가고 싶다는 생각밖에 없었다.

메밀꽃 밭까지 굴러서 도착했다. 주위에 메밀꽃이 가득했다. 향기가 코를 간질이고, 색이 눈을 황홀하게 했다. 행복했다. 절로 웃음이 나왔다. 집에서 볼 때는 기겁을 했던 벌레들이 수없이 내 몸을 간질이는데도 아무렇지 않았다. 아니, 오히려 벌레들조차 사랑스러웠다. 너무 행복한 기분에 젖었다가 깜빡 잠이 들었다. 눈을 뜨니 저녁 황혼이 물들고 있었다. 절뚝이면서 집으로 걸어오는데 입에서 절로 웃음이 나왔다. 한 달 넘게 무기력하던 내 삶이 활력으로 가득 찬 기분이 들었다.

"이 정도면 내 삶도 괜찮네!"

갑자기 무기력한 일상에서 벗어나 무언가 다른 걸 해야겠다는 의지가 샘솟았다. 황하은인

착한 모범생에서 대안학교 학생으로

초등학교 3학년 때 가출에 실패한 뒤 나는 정말 착한 학생이 되었다. 공부는 못했지만 학업에 충실하고 말도 잘 듣는 평범하고 착한 학생으로 살았다. 너무 착하게 살아서인지 일진 아이들에게도 폭력을 당하고 돈을 빼앗기기도 했다. 그럴 때마다 학교에 말해봤지만 아무런 도움을 받지 못했다. 물론 부모님께 말할 수도 있었겠지만 어떤 부모가 자기 자식이 맞고 돈을 뺏기면서 학교에서 지내면 좋아하실까 싶어 한 마디도 하지 않았다. 조금 문제가 있었지만 난 그래도 착하게 중학교 3학년까지 그럭저럭 잘 지냈다. 초등학교 6년 개근에, 중학교 3년 개근이면 정말 성실히 지낸 셈이다. 난 말 그대로 착한 학생이었다.

초등학교 3학년 때 잠깐 방황했던 것 말고는 착하게 보냈던 내가 또 다시 부모님과 부딪친 건 진학 때문이었다. 난 공부를 못했다. 기계에 관심이 많았기 때문에 실업계 고등학교로 진학하고 싶었다. 하지만 부모님은 반대하셨다. 솔직히 어느 부모님이 공부해서 대학 가는 길이 아니라 기계 만지는 노동자가 되는 길을 바라겠는가?

진로로 인한 고민과 갈등으로 하루하루 힘든 시간을 보내는데 삼촌이 구세주처럼 등장했다. 삼촌은 진짜 구세주였다. 마치 아무것도 보이지 않는 암흑 속에서 헤매는데 한줄기 빛을 발견한 기분이었다.

난 삼촌을 통해 '대안학교'를 처음 접했다. 물론 대안학교란 말은 알았고, 문제아들이 가는 곳이란 선입견이 강했다.

"거기 문제아들이 가는 곳 아니에요?"

나처럼 착한 학생이 갈 곳은 못된다고 단정을 지으며 말하는 걸 듣더니 삼촌이 차근차근 설명해주었다. 삼촌의 설명을 들으며 난 대안학교가 내 선입견과는 전혀 다른 곳이라는 걸 알았다. 삼촌은 대안학교 중에서 유명한 〈풀무학교〉를 소개해주었다. 풀무학교 커리큘럼과 수업 내용, 학교생활에 대한 설명을 들은 나는 가슴이 뛰었다. 내가 꿈꾸던 학교였기 때문이다. 9년 동안 착하게만 살면서 느꼈던 답답함을 일거에 풀어버릴 수 있는 그런 학교가 바로 〈풀무학교〉였다.

답답한 세상을 벗어나고 싶었다. 초등학교 3학년 때 느꼈던 감정이 다시 치솟아 올랐다. 대안학교는 나에게 너무나 이상적인 환경이었고, 완전히 새로운 세상을 접할 수 있는 공간이었다. 난 망설임 없이 풀무학교에 지원했다. 하지만 기대와 달리 낙방이었다. 면접을 쉽게 생각했는데 생각보다 어려웠다. 나는 절망했다. 어쩔 수 없이 부모님 뜻대로 인문계를 가야 하나 싶었다. 다시 삼촌이 구세주로 등장했다.

"영운아. 9년 공부에 찌들어서 살았으니까 쉴 때도 되지 않았냐? 한 번 더 도전하는 거 어때?"

그래 일 년 쉰다고 뭐가 달라지겠어? 난 삼촌 말이 무조건 옳다고 생각해서 깊이 고민하지도 않고 "네"하고 대답했다. 솔직히 공부하기 싫었다. 유치원부터 초등학교, 중학교까지 쉴 없이 되지도 않는 공부를 해 오던 나였기에 공부에서 벗어나고 싶었다. 이제 잠시 쉬면서 새로운 경험을 해도 될 나이다.

다른 친구들이 고등학교에 다니는 동안 나는 삼촌이 계시는 사무실에서 공부를 했다. 1년 내내 하루하루 신문을 읽고 맘에 드는 사설이나 칼럼에 대한 느낌을 쓰고, 책을 읽고, 독후감을 썼다. 정말 재미있었다. 그런데 그보다 더 값진 경험은 어른 세계를 접한 것이었다. 내가 공부하던 사무실 옆에 삼촌과 친분이 있는 분이 계셨는데 그곳은 디자인 사무실이었다. 그 사무실에서 일하는 분들이 일하는 것도 구경하고, 같이 이야기도 나누고, 때로는 외출도 함께 했다. 처음엔 인사하기도 쑥스러웠는데 어느새 자연스럽게 어른들과 함께 자연스럽게 지내고 어울렸다.

나는 새로운 세상을 충분히 경험했다 여기고 다시 풀무학교에 지원했다. 충분히 준비했다고 믿었는데 또 떨어졌다. 면접 때 나와 친해진 한 학생이 "합격해서 꼭 다시 만나자."고 했는데 그 친구만 합격했다.

떨어지고 나면 암담할 줄 알았는데 의외로 내 감정은 담담했다. 그저 내 미래를 위해 어떤 선택을 할까만 고민했다.

"앞으론 어쩌지? 어떤 선택을 해야 하지?"

좌절하지 않고 미래를 긍정적으로 고민하게 된 건 아마도 어른들과 함께 지내면서 조금은 성숙해진 때문일 것이다. 난 여유롭게 지내면서 내 길을 살폈다. 그때 내 레이더에 잡힌 학교가 바로 〈샨티학교〉다.

솔직히 풀무학교에 두 번째 떨어진 뒤에는 학교에 다시는 가지 않으려 했다. 하지만 같은 또래 친구들이 그리웠다. 어른들과 함께 지내는 생활도 재미있기는 했지만 아무래도 정서가 달랐다. 다시 경험하지 못할 이 나이를 소중하게 보내고 싶었다. 그런 생각이 들자 난 주저 없이 샨티학교에 지원했다.

면접을 보는데 전혀 떨리지 않았다. 면접을 두 번이나 봤기에 아무렇지도 않게, 아주 당당하게 이야기를 했고, 합격을 했다. 난 지금 샨티학교 학생이다. 그리고 시간이 지나면 샨티학교 졸업생이 될 것이다.

내게 샨티학교는 행복이었다. 지금 이 순간도 행복하고, 앞으로 내 기억속에서도 행복일 것이다. 착하게만 살아온 내가, 남들이 원하는 내가 아니라 내가 원하는 나로 살 힘을 준 곳이 바로 샨티학교다. 그것만으로 샨티학교는 내게 축복이었다.

어느 날 선생님과 함께 시장에 갔다. 자연스럽게 대화가 오고 가는데 내가 대안학교를 다닌다고 하니 아저씨가 실눈을 뜨고 말했다.

"거기 문제아들만 가는 데 아니에요?"

나는 아니라고 차분히 설명해드렸다.

"대안학교는 남이 원하는 삶이 아니라 내가 원하는 삶을 살기 위해

가는 곳입니다. 미래의 행복을 위해 현재의 행복을 버리는 것이 아니라, 지금의 행복을 충분히 누리는 법을 배우는 학교에요. 대안학교는 문제 아들이 가는 곳이 아닙니다."

난 모범생이었다. 착한 학생이었다. 그러나 초등학교와 중학교를 하루도 빠지지 않고 개근하며 다닌 9년의 시간이 내겐 전혀 행복하지 않았다. 10대에 보낸 2년의 샨티학교 생활, 그 시간이 없었다면 내 10대는 착했지만 불행했던 시기로 남을 뻔했다. 다행스럽게도 10대의 마지막 2년은 내게 행복으로 남았다. 정말 다행이다. 강영운인

그림과 내가 만나는 시간

내가 초등학교 4학년 때에 있었던 일이다. 어느 신문사에서 주관하는 전국 어린이 미술대회가 열렸다. 학교 선생님들이 응시하고 싶던 학생들은 신청하라고 해서 동생과 나는 신청을 하고 연습용 종이를 받았다. 나는 그 종이에 일주일 동안 스케치도 하고, 스스로 구성을 해서 그림을 완성했다. 난 완전히 혼자 힘으로 그림을 완성했다. 동생은 어렸기 때문에 엄마의 도움을 받았다. 그림을 그리는 동안 나는 처음으로 엄마의 간섭을 받지 않았다. 오직 나만의 힘으로, 나만의 그림을 그렸다. 오로지 내 힘으로 모든 걸 하는 기쁨은 정말 뿌듯했다. 그림을 그리는 내내 정말 기뻤다. 조금 욕심을 내서 상도 타면 더욱 기쁘겠다고 바라기도 했다.

얼마 뒤 수상자를 발표하는 시기가 되자, 나는 괜히 들뜨고 설레었다. 기대를 크게 했는데, 아쉽게도 나는 상을 타지 못했다. 동생은 상을 받았다. 괜히 동생에게 질투도 나고 부러워도 하는데 엄마가 날 위로했다.

"다음에 더 잘하면 되지, 이번 그림은 내가 봐도 정말 잘 그렸어."

난 엄마 말을 듣고 깜짝 놀랐다. 엄마가 그런 식으로 내게 말한 게 처음이었기 때문이다. 만족할 만한 결과가 나오지 않았는데도 칭찬을 듣다니, 난 잠시 내 귀를 의심했다. 더 잘하라고 다그치지도 않고, 결과에 전혀 신경 쓰지 않은 채 내게 던진 위로의 말, 칭찬의 말은 그 어떤 상보다 내게 큰 기쁨을 주었다.

난 그 뒤로 그림을 그릴 때면 행복하다. 사탕을 먹으면서 조용히 그림을 그리는 순간이 기쁘다. 그 누구의 방해도 받지 않고 그림과 내가 만나는 시간은 그 어떤 순간보다도 나를 황홀하게 한다. 그림을 완성할 때 쯤 멀리서 내 창작품을 지켜보면서 꼼꼼하게 마지막 점검을 하는 순간의 기쁨은 뭐라 표현하기 힘들다.

그저 난 이 작은 기쁨을 누리고 싶을 뿐이다. 불행만 가득한 내 인생에서 유일한 즐거움인 그림 그리기를 잘하든, 못하든 상관없이 즐길 수 있기만을 바랄 뿐이다. 물론 그림 그리지 않는 순간에도 행복하고 싶다. 요즘은 불행했던 내 삶에 조금씩 행복이 깃들기도 한다. 사소하지만 작은 행복들이 찾아온다. 모두 샨티학교 덕분이다. 솔직히 말하면 이런 사소한 행복을 내가 누려도 되나 싶다. 언제든지 훅 불면 떠나 버릴 것 같아 불안할 때도 있다.

이젠 나도 아주 작은 행복을 계속 맛보며 살고 싶다. 나도 이제는 불안하지 않은 행복을 즐기고 싶다. 나도 행복을 누리고 싶다. 신현주인

베이스 드럼이 쿵쿵, 가슴도 함께 쿵쿵

사람들은 흔히 '무슨 일을 하든지 가슴이 뛰는 일을 하라'고 말한다. '가슴이 뛰는 일' 이란 건 단순히 심장이 '콩닥' 대는 게 아니다. 심장이 '쿵쾅쿵쾅!'거리고, 그 일을 할 때 저절로 웃음이 나는 것이다. 그리고 가슴 뛰는 일을 하다 보면 정말 시간이 금방금방 지나간다. 나는 중학교 때 처음으로 그런 가슴 뛰는 일을 경험했다.

내가 다녔던 학교에 밴드부가 있었는데 매주 일요일 밤 찬양 집회 반주를 했다. 잔잔한 기타 반주가 울리고, 그 반주에 맞춰 노래를 부르다 보면 자연스럽게 피아노 반주가 들려온다. 그러고 나서 베이스나 일렉트릭 기타가 들어오고, 마지막으로 드럼이 들어오면서 연주를 하는데, 하나하나 소리가 더해질 때마다 너무 소름이 돋았다.

악기 각각에서 다 다른 소리가 나는데 그 소리가 내 귀에 하나로 들렸다. 조용히 듣고 있으면 악기를 연주하는 손으로 눈이 저절로 갔고, 눈을 감고 있으면 연주하는 사람들의 행복한 표정을 상상하느라 정신이 없었다. 조용하고 느린 연주가 자연스럽게 빨라지고, 베이스 드럼이 '쿵 쿵' 하고 울릴 때마다 강당 전체가 '쿵쿵' 하고 울렸다.

나는 거기서 어떤 악기도 연주하지 않았지만 이상하게 뿌듯하고 절로 웃음이 났다. 정말 심장이 '콩닥' 대지 않고 '쿵쾅쿵쾅!' 거렸다. 그때 무슨 노래를 어떻게 연주했는지는 하나도 기억나지 않지만 그 느낌은 너무 생생하다. 온몸에 소름이 돋았고, 조금이라도 더 들으려고 토끼처럼 귀를 쫑긋하게 세우고, 잠깐도 눈을 떼지 못했던 그런 느낌.

그 잊지 못할 느낌이 요즘 내게 다시 찾아왔다. 달라진 게 있다면 예전엔 악기를 하나도 다룰 줄 몰랐지만 요즘은 그 악기들을 내가 다룬다는 점이다. 기타를 치고, 피아노를 치고, 드럼을 치는 내 모습을 보면 내 스스로도 너무 신기하다. 그때 상상했던 연주자들의 행복한 표정을 내가 짓고 있다는 게 믿겨지지 않는다. 악기를 연주하다 보면 시간 가는 줄 모르고, 이런저런 고민이 다 사라진다.

처음엔 익숙하지 않던 손과 발이 연습을 하면 할수록 부드러워졌고, 음악이 들리면 자연스럽게 박자를 탄다. 한창 기타를 칠 때는 어떤 노래를 듣든 기타소리만 들렸고, 드럼을 한참 연습할 때면 자기 전에도, 얘기를 나눌 때도 가리지 않고 손과 발이 움직인다. 내가 연주하는 악기 소리를 들으면 중학교 때 밴드부가 연주하는 음악을 들을 때처럼 심장이

10대들의 힐링캠프

'쿵쾅쿵쾅!' 거리고 마음이 편안하다. 음악을 연주하는 때가 내겐 언제나 가장 행복한 순간이다. 황고윤인

꽁꽁 숨겨두었던 행복

처음을 어떻게 시작해야 될지 모르겠다. 벌써 3번째로 고쳐 쓰는 중이다. 불행히도 난 내가 행복했던 기억을 떠올리지 못하고 있다. 과연 내가 행복했던 시절이 있었을까? 부모님의 맞벌이, 오빠의 방황, 뒤이어진 나의 방황. 어느 시점에서 나의 행복한 기억을 끄집어내야 할지 막막하기만 하다. 사람들은 자신이 행복했던 경험보다는 불행했던 경험을 더 잘 기억한다는 말을 들었다. 그래서 그런가? 아니면 내가 정말 행복했던 기억이 없어서인가? 아직은 잘 모르겠다.

아! 한 가지 생각난다. 어린 시절의 나와 엄마, 아빠, 오빠가 드넓은 운동장에 돗자리를 펴고 음식을 먹는다. 뒹굴며 놀기도 하고 얼굴엔 함박웃음 꽃이 피어 있다. 정확히 어딘지, 언젠지도 모르겠지만, 그 장소로 가며 난 상당히 들떠 있었던 것으로 기억한다. 정말 이제까지 한 번도 생각해 내지 못했던 기억이다. 기억인지 꿈인지도 모르겠다. 뭐, 꿈이면 어떠랴? 그 기억을 떠올리면 온 가족이 함께 웃는 모습이 생각난다. 그럼 나도 어느 샌가 그 기억에 젖어든다.

그리고 과거의 기억은 아니지만, 난 요즘 너무 행복하다. 학교에서 3주에 한 번씩 집에 올 수 있는 기간이 있는데, 예전엔 집안 분위기가 싫어서 집에 가지 않고 항상 다른 선배들 집으로 갔다. 그러나 요즘은 다른 집에 가기가 싫을 정도로 집에 오기가 좋고, 우리 집의 분위기가 마음에 든다. 우리 남매가 〈산티학교〉에 가 있으니 당연히 집은 엄마, 아빠의 신혼집이 되었다. 어느 시점부터 엄마, 아빠는 신혼부부 못지않게 사이가 좋다. 그런 엄마, 아빠를 보니 내가 괜히 웃음이 난다. 엄마 얼굴에 미소가 피어난다.

그래서 지금이 난 참 좋다! 내가 과거의 행복한 기억을 잘 떠올리지 못한다는 게 상당히 아쉽고 내 딴엔 내가 안쓰럽다. 좋은 기억을 떠올리려 하면 안 좋은 기억이 머릿속을 빙글빙글 맴돌 뿐이었다. 그런데 기억 한 쪽 구석에 내가 행복해 했던 기억이 꽁꽁 숨겨져 있었던 사실을 이제야 알아채다니! 내가 바보 같다. 왠지 이제부턴 내가 행복했던 기억을 보물찾기를 하듯 하나씩 찾아 나가야겠다는 생각이 든다. 그리고 행복했던 기억이 없다면, 이제부터 행복하면 될 듯하다. 지금도 충분히 행복하니까. 지금 이 행복이 사라지지 않으면 좋겠다.

요즘은 학교생활마저도 행복하다. 예전처럼 미친 듯이 놀고 선생님들 말 안 듣고 쏘다녀서 행복한 것이 아니라, 내가 바뀐 게 느껴지고 내

가 성장한 게 느껴져서 행복하다. 난 내 자신이 뿌듯하다. 조금 시간이
흐른 뒤에 다시 이 주제로 글을 쓴다면 나는 너무도 많은 행복한 기억
때문에 무엇을 써야할지 고민하게 될 듯하다. 그 생각을 하니 저절로 웃
음이 난다. 내가 행복하다니, 꿈같은 일이다. 문지현인

오늘 내게 행복했던 일 찾아내기

'너무 슬퍼서, 너무 괴롭고 살 이유를 잃어서 오늘을 마지막으로 살아보려고 했다. 그러자 다른 날과 별다를 것 없던 삶이 그렇게 소중하고 아름다울 수가 없었다.'

책에서 읽은 문장이 가슴에 와 박혔다. 난 책을 쥔 채 가만히 생각했다. 행복한 기억을 떠올리기 위해 애쓰는 내가 보인다. 생각나지 않은 행복으로 인해 고민스러운데 이렇게 고민하는 순간도 행복하고 아름답다고? 쉽고도 어려운, 아리송한 문제였다. 일단 고민은 접었다. 내 인생의 행복을 찾으라는 숙제를 해결하는 건 잠시 미루고, 난 책에서 말한 대로 오늘을 돌이켜보기로 했다.

누가 깨우지도 않았는데 정각 7시 30분에 일어났다. 오늘따라 보들

보들한 피부에 괜히 기분이 상쾌했다. 다들 시키지도 않았는데 척척 일어나니 큰소리 나지 않아 좋다. 조금은 산만했지만 조용한 담임 시간을 보냈다. 평소처럼 왁자지껄한 분위기가 아니어서 살짝 낯설었지만 차분해서 좋았다. 여기까지 떠올리다 보니 사소하지만 행복을 느낀 순간이 새록새록 떠올랐다.

행복한 순간을 떠올리려고 머리 아프게 고민할 때는 안 떠오르더니 오늘 행복했던 기억을 찾으려 하니 너무나 많이 떠올랐다. 좋아하는 음악을 다운 받은 일, 괜히 살짝 과하게 행동하며 즐겁게 웃은 일, 다이어트 걱정하면서도 즐겁게 먹은 일, 후배가 옷맵시가 난다고 칭찬해준 일, 내가 예술을 하는 사람 같다는 말까지! 전부 다 기쁘다. 딱히 어느 하나가 가장 행복했다고 골라내기 어려웠다.

고르기 어려웠지만 그 중에서 가장 기쁜 느낌이 든 순간을 떠올리며 하나를 골랐다. 후배 슬아가 옷맵시 난다고 칭찬했을 때다. 난 아침에 옷을 갖춰 입고 "내 모습이 어때?"하며 슬아에게 물었다. 슬아는 "옷을 참 잘 입네. 옷맵시가 나!"하고 말했다. 내 꿈은 스타일리스트기에 슬아의 칭찬은 날 절로 웃음짓게 했다. 아, 칭찬이란 사람을 참 행복하게 하는 것이로구나.

하루 동안 행복했던 일을 찾아서 정리하고 보니 오늘 하루가 행복으로 가득 찬 느낌이 들었다. 아, 책에서 말한 게 이런 거구나 싶었다. 행복하게 사는 게 이렇게 쉬운 건가 싶어서 조금 당황스럽기도 했다. 방소정인

아빠의 누드 쇼

나는 어렸을 때 가족 여행을 많이 갔다. 그래서 행복한 추억이나 기억이 많다. 지금은 오빠랑 내가 많이 컸고, 엄마, 아빠도 많이 바빠서서 여행할 시간이 없다. 그래도 옛 추억을 떠올리면 다시 그때로 돌아가고 싶은 마음이 간절하다.

내게 가장 기억에 남는 여행은 완도였다. 오빠가 군대에 있을 때라 엄마와 나, 아빠 셋이서 여행을 했다. 아빠는 멋진 선글라스를 끼고, 비싼 카메라를 들고 다니면서 사진을 찍었다. 아빠는 사진을 제법 잘 찍는다. 사진기사 아빠의 모델은 엄마다. 엄마는 필요한 곳에서, 필요한 자세를 갖추며 멋진 모델이 되었다.

나는 두 분의 이동 속도를 따라잡지 못해 헉, 헉, 거리며 뒤따라 다녔다. 오르막길에서 난 완전 느림보 거북이였다. 엄마, 아빠는 답답하셨는지 "빨리 와!"하는 말만 남기고 먼저 가버리셨다. 여기에 여행하러 온 거야, 행군하러 온 거야! 에이 정말. 난 살짝 짜증이 났지만 열심히 걸어 올라갔다.

나는 아빠한테 카메라를 받아들었다. 난 사진 찍기를 좋아한다. 풍경도 찍고, 다정한 엄마, 아빠의 모습도 찍었다. 걷지 않으니 너무 좋았다. 마음 가는 대로 사진을 찍는대 갑자기 비가 왔다. 하나, 둘 빗방울이 떨어지더니, 내 몸을 간질였다. 우린 재빨리 차가 있는 곳으로 내려 왔다. 그때는 나도 거북이가 아니었다. 카메라가 비를 맞으면 안 되기에 온몸으로 카메라를 감쌌다.

재빨리 차 안으로 들어갔다. 다 같이 비에 젖었는데 아빠는 흰 바지가 신경이 쓰이는지 갈아입으시겠다고 했다.

"흰 바지라 물에 젖으니 팬티가 다 보여."

아빠는 뒷좌석에 앉았다. 아빠가 옷을 갈아입는 동안 내가 운전석에 앉았다. 아빠가 옷을 벗는 소리가 들렸다. 그때 갑자기 우리 차 옆으로 관광버스가 느린 속도로 지나갔다. 난 무심코 관광버스 쪽을 봤다. 관광버스에 탄 사람들도 내 쪽을 봤다. 수많은 사람들의 시선이 우리 차를 향했다. 나는 혹시나 싶어서 얼른 뒤를 돌아봤다. 내 예상이 맞았다.

아빠는 관광버스에 탄 사람들에게 알몸을 노출하고 계셨다. 아빠는 꼼짝도 못했다. 완전히, 순간 냉동, 얼음이었다. 나와 엄마는 터져 나오는 웃음을 참지 못하고 깔깔 거렸다.

"웃지 마!"

아빠는 투덜거리며 마저 바지를 갈아입었다. 바지를 갈아입은 아빠는 운전석으로 가고 난 다시 뒷좌석으로 이동했다. 난 계속 웃음이 나왔다. 빈 배를 채우고, 차가워진 몸을 녹이기 위해 칼국수 집으로 갔다. 나는 칼국수 집에 가서도 계속 웃었다. 엄마와 짝짜꿍이 되어 아빠를 계속 놀렸다.

투덜거리시던 아빠도 나중엔 껄껄 거리며 웃었다. 아빠의 누드쇼로 인해 우린 여행 내내 즐거웠다. 웃음의 추억이 가득한 여행, 그보다 멋진 행복은 없다. 최혜인

내일이 정해지지 않은 기차 여행

기차 여행을 떠났다. 내일이 정해지지 않은 기차 여행이었다. 어디로 갈지, 무엇을 할지 정하지 않고 그때그때 기분이 끌리는 대로 떠나는 기차 여행이었다. 난 샨티학교에 와서 처음으로 기차 여행을 해 보았다.

처음이라 긴장 반 설렘 반이었다. 기차를 타려면 함창역으로 가야 해서 점촌에서 버스를 타고 함창으로 갔다. 함창역은 역무원이 없는 기차역이다. 작은 기차역이 정겨웠다. 기차가 올 때까지 미친 사람처럼 근처에서 뛰어놀았다. 설렘이 가득한 놀이였다. 처음 타는 기차는 내게 흥분을 안겨주었다. 차창 너머로 보는 풍경이 흥겹고, 주변에 함께 하는 친구들이 너무 좋았다.

여러 곳을 구경했는데 가장 기억에 남은 장소는 용연 동굴이다. 자연이 만든 동굴인데 동굴 안이 되게 추웠다. 모자를 쓰고 들어가야 했는데 동굴 속으로 걸어갈수록 으스스했다. 나는 정말 무서웠다. 친구들과 같이 오지 않았다면 절대 혼자 들어가고 싶지 않을 만큼 무서웠다. 그런데 친구들이랑 함께 하니 그 무서운 동굴도 마냥 무섭지만은 않았다. 동굴에 익숙해진 뒤에 자연이 만든 선물이라는 말이 딱 맞다는 생각이 들만큼 멋진 풍경도 많이 구경했다. 무섭기도 하고, 즐겁기도 한 묘한 경험이었다.

잠은 주로 민박에서 잤다. 게임도 하고, 먹고 싶은 거 마음껏 먹으면서 놀았는데 정말 신났다. 그런데 내가 조금 과하게 먹고 마시며 놀아서 분위기가 깨지기도 했다. 그때는 별 생각이 없었는데 지나고 나니 솔직히 많이 미안하고 창피했다.

파티가 나로 인해 엉망이 된 다음 날, 난 낙동강 드라마 세트장이 가보고 싶었다. 정말 가고 싶었는데 인솔 하시는 선생님이 거기에 갈 계획이라고 해서 정말 기뻤다.

"그런데 거긴 왜 가고 싶어?"

선생님이 물었다.

"거기서 '우리 결혼했어요'를 찍은 적 있거든요. 친한 사람이랑 같이 가서 소원을 빌면 소원이 이루어진데요."

내가 천진난만하게 말하자 선생님이 미소를 지으셨다. 솔직히 난 아주 어릴 때부터 드라마 세트장에 가보는 게 소원이었다. 이번 철도 여행에서 그 소원을 풀게 된 것이다.

낙동강 세트장에 도착하자마자 나는 실컷 사진을 찍었다. 정말 엄청나게 사진을 찍어댔다. 한참을 구경하는데 갑자기 비가 내렸다. 우비를 입고 돌아다니는데 비 때문에 더 이상 사진을 많이 찍을 수 없어서 안타까웠다. 비가 와서 조금 아쉽기는 했지만 구경하는 내내 너무나 설레고 흥분되었다.

세트장을 뒤로 하고 다음 목적지는 부석사였다. 부석사 풍경은 지금도 잊혀지지 않는다. 드라마에서 나오는 그 어떤 절 풍경보다 훨씬 멋지고 정겨웠다. '돌이 신기하게 붙어 있고, 하늘에 떠 있는 듯해서 부석사'라는 설명을 들으니 더 신비한 절처럼 느껴졌다.

그 뒤로 대나무 숲에도 가고, 다 함께 자전거도 타고, 민박집에서 수박에 통닭을 실컷 먹기도 했다.

그때 여행을 생각하면 지금도 너무 흐뭇하다. 아마 샨티학교나 되니까 학교에서 그런 경험을 할 수 있겠거니 싶어서 이 학교에 온 게 내게 참 행운이구나 싶은 마음이 들었다. 내년에도 이런 여행을 할 생각을 하니 벌써부터 설렌다. 여행은 날 행복하게 한다. 반정현인

행복을 위한 작은 날개 짓

행복을 주제로 글을 쓰려 하니 샨티학교에 들어와 지금까지 있었던 모든 일들이 생각납니다. 학교가 생긴 지 5달 만에 일어난 도난 사건으로 저희는 회의를 하며 머리를 맞대었고, 고구마를 구어 먹는다고 휘발유를 뿌려서 아궁이에 불기둥이 만들어진 적도 있습니다. 그리고 학교를 같이 다니는 사촌동생 창재와 친구 영운이와 학교 근처 강가에 가서 'JYK 우리가 왔다'라고 돌로 예쁘게 적어 놓은 일도 생각납니다. 스페인에서 800km를 걸으며 나누었던 이야기들이 하나하나 다 기억이 납니다.

그렇다고 무작정 재미만 있던 학교는 아니었어요. 인도에 간 아이들이 너무나도 그리워서 울기도 했습니다. 화가 나지만 제일 큰 언니로써 계속 참고 있었던 적도 많아요. 한때는 고문관처럼 저를 힘들게 하셨던 선생님도 계셨지요. 그리고 혼자 외로웠던 적도 많았습니다. 하지만 이런 경험들마저도 저한테는 행복한 기억으로 남습니다.

지금은 옆에서 기타를 치고 있는 민우와 앞에서 알짱거리면서 폰을 만지고 있는 서동이 저를 기쁘게 합니다. 그리고 방에서 나를 찾고 있을 슬아, 아무것도 모르는 채 누워 있을 소정이, 요즘 마냥 행복해 하는 연주, 나를 많이 챙겨주던 정현이, 막내 도현이, 의재, 지현이, 수민이, 창재, 석규, 고운이, 예인이 그리고 하은이……, 이 아이들이 그저 같이 있다는 자체만으로도 행복합니다.

저는 얼마 뒤면 나를 행복하게 만들었던 장소를 떠납니다. 이게 아마 저의 슬픈 기억이 되지 않을까요? 그래도 지금은 행복하니까, 지금 이 순간이 좋으니까 괜찮습니다. 샨티학교처럼 저를 행복하게 한 곳은 없는 듯합니다. 솔직히 여기 오기 전엔 행복한 기억 자체가 없습니다.

거짓을 버리고 솔직하게 글을 쓴다는 과제 자체가 거짓말로 켜켜이 인생을 쌓아 왔던 저한테는 정말 어렵습니다. 어떻게 하면 엄마, 아빠께 인정을 받을까, 어떻게 하면 외국인 학교에서 지냈던 끔찍했던 나를 지워버릴까 하는 마음으로 전 지금껏 저를 두꺼운 거짓으로 포장을 해왔습니다. 그래서인지 학교에서도 선생님들께 제 모습을 숨기고, 학교 남학생들과 더 어울리고, 사람들에게 의존하는 그런 패턴을 계속 반복한 건지도 모릅니다. 무의식으로 말이지요. 저의 나쁜 버릇으로 인해 선생님과 친구들, 후배들이 참 힘들었겠지요.

피에로가 되어 얼굴만 행복한 척했는데, 이젠 행복이 저의 마음에 와 닿습니다. 불안하기도 했지만 안정을 느끼기도 했고, 슬펐지만 기쁘기도 했습니다. 제가 성장하는 과정이 하나하나 생생하게 저에게 흡수되어 생활이 되고, 인간관계를 배우고, 그러면서 저의 아픔을 천천히 생각할 수 있기에 모든 면이 행복합니다. 그리고 저를 진심으로 사랑해주는 사람들이 누군지를 알게 되어 진심으로 행복합니다.

저의 잘못된 삶을 바꾸기 위해 떠나는 지금, 전 행복합니다. 아니 행복하게 생각을 하려고 애씁니다. 정든 이곳을 나간다는 게 어렵고도 힘든 일입니다. 이곳에서 누린 행복을 생각하면 이곳을 떠나기 싫지만, 저의 성장, 저의 날개를 펴기 위해서는 험한 길을 가야 합니다. 그게 비록 외롭고 아픈 길이 되겠지만, 지금껏 쌓아놓은 저의 추억, 또는 사람들이 있기에 불안하지만은 않습니다. 제 자신을 믿고, 보듬어 주며 학교와 떨어져도 샨티학교에서 느꼈던 아픔, 슬픔, 그리고 기쁨을 기억하며 하루하루를 보내겠습니다. 또 다른 행복을 위해, 그 행복을 내 힘으로 만들어 내기 위해, 저는 이제 작은 날개 짓을 하렵니다. 정지인

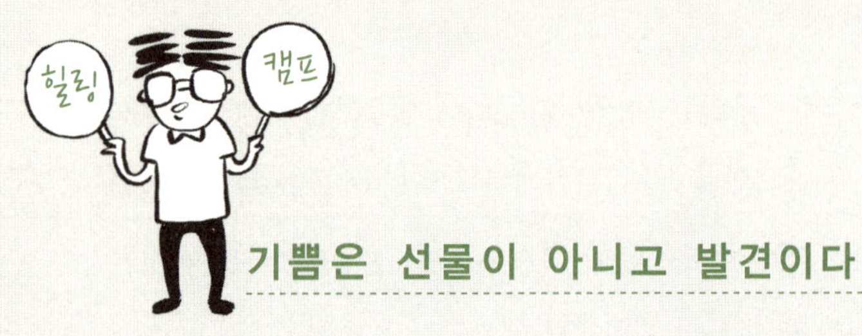

기쁨은 선물이 아니고 발견이다

사랑을 고백하는 순간은 가슴 떨립니다. 꿈같은 사랑이 이루어진 순간엔 미칠 듯 행복합니다. 제가 그 경험을 했기에 민규가 느꼈던 감정이 어떤지 잘 압니다. 민규가 써내려간 글자 하나하나에서 심장의 고동이 들려왔습니다. 민규와 같은 경험, 요즘 10대들에게선 좀처럼 찾기 어렵지요. 문자로 고백하고, 이벤트가 중요한 시대에 진정한 가슴 떨림을 경험한 민규는 정말 행운아입니다. 민규는 가출에 방황에 탈선까지 경험했습니다. 그런 불같은 경험이 불같은 사랑을 가능하게 했는지도 모릅니다. 지금은 헤어졌지만 가슴 떨림을 경험했다는 것만으로 그 때의 사랑은 아름다운 추억입니다.

나영이는 장난꾸러기 바람이 뛰노는 일요일 오후에 마냥 행복을 느꼈습니다. 오빠들의 장난, 함께 먹는 치킨, 진심으로 나누는 대화에 다시 없는 행복을 맛봅니다. 하은이는 게임만 하던 무기력한 일상에서 벗어나 시골길을 걷습니다. 무작정 메밀꽃 밭으로 굴러 내려가 메밀꽃 향기 속에 묻힙니다. 모든 게 마음에 듭니다. 이 정도면, 내 삶이 참 괜찮네! 하며 삶을 기쁨으로 채웁니다.

다른 아이들이 찾아낸 행복도 대동소이합니다. 작은 일상에서 큰 행복을 찾아냈습니다. 우린 마치 꿈을 이룰 때만, 거창한 목표를 이룰 때만 행복이 다가오는 거라 믿지만, 행복은 거창함보다는 일상의 사소함에서 더 잘 옵니다.

소정이는 '너무 슬퍼서, 너무 괴롭고 살 이유를 잃어서 오늘을 마지막으로 살아보려고 했다. 그러자 다른 날과 별다를 것 없던 삶이 그렇게 소중하고 아름다울 수가 없었다.'란 문장을 읽고 그대로 하루를 떠올려 봅니다. 하루 동안 자신에게 다가온 행복이 너문 많다는 사실을 발견하고는 행복하게 사는 게 이렇게 쉬운 건가 싶어서 조금 당황하기까지 합니다. 행복을 찾기란 소정이가 경험한 것처럼 매우 쉽습니다.

청소부가 꿈인 사람은 거의 없겠지요. 가난하고, 힘들게 일하니 불행하다고 여기기 때문입니다. 그러나 『행복한 청소부』(모니카 페트)의 청소부 아저씨는 행복합니다. 자신이 청소하는 거리의 간판에 쓰인 예술가들의 이야기를 공부하고 이야기하면서 진실한 행복을 느낍니다. 무언가 조건이 갖추어져야 행복하다고 착각하는 이들에게 청소부 아저씨는 행복이란 지금 자신에게 주어진 일에서 기쁨을 발견하면 자연스럽게 찾아오는 선물이라고 알려줍니다.

현주는 소망합니다.

"나도 행복하게 살고 싶다."

지현이는 감탄합니다.

"내가 행복하다니, 꿈같은 일이다."

행복은 누군가가 주는 선물이 아닙니다. 내가 만들어 내는 작은 기억입니다. 행복을 찾아낸 뒤에, 강렬한 영상으로 만들어 낼 때, 갑자기 자기 인생이 행복으로 꽉 차오름을 느낍니다. 행복을 찾아보세요. 행복은 선물이 아니라 발견하기입니다. 행복한 사람은 기쁜 일을 잘 발견하는 사람일 뿐입니다.

역경의 계절

-김태진-

지금은 역경의 계절

눈보라의 감시를 받기 시작하면

멈춰야 할 일들이 너무나도 많다

반 년 후

이 맘 때 나는 행복하겠지

그때는 여름, 역동의 계절

모든 것이 허락되지만

멈춰 둔 일들을 끝내기위해

할 일이 너무나도 많다

일 년 전

나는 고단했겠지

그렇지 않았다면

반 년 전

나는 행복의 계절을 잃었을 테지

젊은 벗들에게 보내는 편지

사랑하는 젊은 벗들!

그대들을 젊은 벗들로 부르고 싶습니다. 그대들을 만나며 배우고 깨친 게 너무 많기 때문입니다.

젊은 벗들!

난 여러분을 만나며 많이 배우지만, 제 아들을 만나면서도 많이 배웁니다. 어느 날이었습니다. 아들과 함께 차를 몰고 가다가 제 답답한 마음을 털어놨습니다.

"자녀가 재능이 없고, 하기도 싫어하는데 왜 거의 모든 부모들은 입시를 위한 공부만 무작정 시키는 걸까? 왜 공부를 포기하지 못하고, 자식이 가고자 하는 길을 가도록 믿고 맡기지 못할까?"

어떤 답을 바라고 던진 질문은 아니었습니다. 그냥 답답함을 털어놓고 싶었을 뿐이었지요. 평소에 쉼 없이 떠들기 좋아하던 아들은 제 질문을 받더니 입을 다물었습니다. 한동안 무거운 침묵이 차를 가득 채웠지요.

"아빠, 두려움 때문이 아닐까?"

두려움? 전 무심코 반문했습니다.

"응, 두려움. 전혀 새로운 길, 알려지지 않은 길을 가는 게 두려워서, 그냥 남들 가는 길로 따라 가는 걸 거야. 새로운 길을 가는 건 두려우니까."

아, 그렇구나! 전 갑작스럽게 제 의문이 완벽하게 풀리는 기분이 들었습니다. 이 사회가 입시 광풍에서 벗어나지 못하는 이유는 오직 두려움 때문이었습니다. 자식들의 두려움이 아닙니다. 부모들의 두려움입니다. 두렵기에, 재주가 없고, 좋아하지도 않는 공부에 무작정 매달리게 합니다. 12살 아들이, 그 순간엔 저의 스승이었습니다.

젊은 벗들!

여러분이 겪는 고통의 근원은 대부분 두려움 때문입니다. 익숙함에서 벗어날 때 느끼는 두려움, 미래에 대한 두려움, 솔직하게 잘못을 인정하면 인격이 무너질 것 같은 두려움, 아픔과 상처를 드러내면 더 아프고 공격받을까봐 걱정해서 생기는 두려움! 두려움, 두려움, 두려움! 숱한 두려움이 삶을 어둠 속에 가두는 원흉입니다.

용기가 필요합니다. 두려움을 떨치는 용기가 필요합니다. 그런데 많은 젊은 벗들이 용기가 없습니다. 솔직히 말하면 용기가 무엇인지도 잘 모릅니다.

용기

시우(時雨)

하고 싶지 않아도

그게 옳다면 하는 게 용기

하고 싶어도

그게 옳지 않다면 하지 않는 게 용기

반항이 모두 용기는 아니며

순종이 모두 비겁은 아니다.

때론 방관이 최고의 악이며

가끔은 방치가 최고의 선이다.

정의는 한 모습이 아니라서

겉모습만 보고 알기 어렵다.

용기는 정의를 뿌리로 하며

정의는 용기로 피어난다.

하고 싶은 걸 하는 게 용기입니다. 그러나 때로는 하고 싶어도 옳지 않으면 하지 않는 게 용기입니다. 하고 싶지 않아도 옳다면 하는 게 용기입니다. 즉, 정의를 실천하는 게 용기입니다. 문제는 정의가 무엇인지 알기 어렵다는 데 있습니다.

남의 말을 무조건 따르는 행동이 비겁처럼 보이지만, 사실은 '순종'이 가장 용기 있는 행동일 때도 있습니다. 나쁜 질서에 따르지 않는 '반항'은 정의입니다. 그러나 올바른 질서에 따르지 않는 '반항'은 악입니다.

우리는 '방관'을 악이라고 부릅니다. 히틀러가 나쁜 짓을 할 때 방관했던 독일인들의 방관은 최고의 악이었습니다. 그러나 자녀가 자유롭게 자기 삶을 살도록 내버려두는 '방치'가 때로는 최고의 선이기도 합니다. 불필요한 간섭이 자녀의 삶을 망치기도 하지요. 방관과 방치, 비슷하지만 어떤 때는 완전히 다르기도 합니다.

그래서 정의의 모습은 하나가 아닙니다. 정의는 열려 있습니다. 정의가 무엇인지 판단하는 능력이야 말로 젊은 벗들이 가장 길러야 하는 능력입니다. 정의가 무엇인지 알았으면, 용기를 발휘해야 합니다.

옳다면 해야 합니다. 옳지 않다면 하지 말아야 합니다. 내 삶에 가장 필요한 게 무엇인지, 세상을 환하게 빛나게 하는 일이 무엇인지 알았으면 그대로 실천해야 합니다. 용기의 뿌리는 정의입니다. 그리고 정의는 용기 있게 행동할 때 꽃이 핍니다.

젊은 벗들!

용기를 발휘하십시오.

하고 싶다면, 지금 하세요.

옳지 않다면, 지금 하지 마세요.

옳다면, 지금 하세요.

정의와 용기가 젊은 벗들과 함께 하길…….

글쓰기는 자기치유다

10대 친구들은 수업 시간에 자신의 고통과 상처를 글로 드러냈습니다. 모두 함께 읽으며 눈물을 흘리고, 서로를 위로했습니다. 글을 쓰고 읽으면서 아픔을 공유하고 서로 상처를 어루만졌습니다. 힘들지만 자기 아픔을 마주하고 자신의 상처를 스스로 치유하기 위해 애썼습니다. 물론 모든 상처를 담기엔 글이란 그릇은 너무 작고, 시간은 충분하지 않았습니다. 그럼에도 용기를 내어 상처를 햇살에 드러냈고, 내면이 한층 깊어졌습니다.

아픔은 햇살에 드러날 때 아뭅니다. 가리면 곪고 썩어버립니다. 글이야말로 가장 명확하게 자신을 드러내는 행위며, 마음이 입은 상처를 치유하는 훌륭한 수단입니다. 자신을 들여다보는 글을 쓰며 10대들이 조금씩 상처를 치유하는 과정을 지켜보는 내내 뿌듯함과 대견함이 차올랐습니다.

꾸미는 글쓰기, 보여주는 글쓰기는 고통스럽습니다. 꾸미고 보여주려 하기에 글쓰기가 싫습니다. 자기를 위한 글쓰기, 솔직한 글쓰기는 다릅니다. 나만을 위한 글쓰기는 나에게 행복을 선물합니다. 나를 위해 솔직하게 자신을 드러내는 글쓰기는 자기를 치유하는 데 매우 뛰어난 효과를 발휘합니다.

이 글을 쓴 10대들이, 이 글을 읽은 10대 독자들이 더욱 성장하여 상처를 딛고, 아니 상처를 사랑하며 꿋꿋하게 살아가길 기도합니다. 이 책을 읽은 10대 독자들에게 당부합니다. 이 책에서 다른 친구들이 썼든 글을 주제로 여러분도 써 보세요. 나의 아픔, 친구의 아픔, 부모의 아픔, 나의 기쁨, 나에게 쓰는 편지를 주제로 글을 쓰다보면 힐링이 될 것입니다. 이 세상 가장 뛰어난 힐링캠프는 자기 자신입니다.

『모리와 함께한 화요일』(미치 앨봄)에는 시한부 인생으로 죽어가는 모리가 자신이 꿈꾸는 완벽한 하루를 그려내는 장면이 나옵니다. 그 뒤로 저도 모리처럼 제가 꿈꾸는 가장 완벽한 하루를 상상해보았습니다.

약간 땀을 흘리며 농사짓는다. 땀을 토해내는 피부가 상쾌하다.

효소를 마시며 집 앞에 펼쳐진 자연을 감상한다. 눈이 행복해야 마음도 행복하다.

약간 게으르게 한가함을 누리며 걷는다. 한가로이 걷는 장자처럼 여유를 누린다.

나를 따스하게 돌보는 글을 쓴다. 글쓰기는 나를 나답게 한다.

바람을 맞으며 책을 읽는다. 책의 향기가 가득하다.

야채, 잡곡, 된장국이 어우러진 한 끼 밥상을 누린다. 밥이 축복이다.

신나게 장구를 두드리고, 목청껏 노래를 부른다. 음악은 활력이다.

내가 좋아하는 벗들과 가볍게 술 한 잔 나누고 수다를 떤다. 벗과 더불

어 정을 나눈다.

내가 좋아하는 10대들, 내가 필요한 청소년을 만난다. 삶의 보람이다.

사랑하는 이의 두 눈을 마주본다. 하나임을 느낀다.

신을 만난다. 인생은 신을 향해 걷는 길이므로.

쓰고 나서 가만히 읽어본다. 흡만하다. 이미 많은 걸 누리기 때문이다.

내가 꿈꾸는 삶을 이미 가득 누리니

난 내 삶이 참 마음에 든다.

지금 삶이 완벽하진 않습니다. 그래도 마음에 드는 구석은 있기 마련입니다. 장난꾸러기 바람이 뛰어노는 일요일 오후처럼, 메밀꽃 가득한 밭에 누워 맡는 향기처럼, 기쁨은 작은 속삭임으로 다가옵니다. '나는 내 삶이 참 마음에 든다.'고 써보세요. 이 한 문장만으로도 많은 위로가 됩니다. 치유가 일어납니다.

오늘도 행복이 찾아와 속삭이네요.

행복에 귀를 기울이세요.

그리고 행복에게 말을 건네세요.

"나는 내 삶이 참 마음에 들어!"

時雨

글을 쓴 10대들을 소개합니다!

샨티학교

황고운, 문석규, 정지인, 강영운, 방소정, 박나영, 황하은, 반정현, 문지현, 최혜인, 신예인, 강신우, 김신애가 샨티학교입니다. 샨티학교에서 '샨티'는 '싼티'가 아니라 '평화'란 뜻입니다. 내면의 치유를 바탕으로, 공부의 즐거움을 찾으며, 자기만의 미래를 꿈꾸는 청소년을 위한 중·고통합 비인가 대안학교입니다. 위치는 문경시 농암면. **http://cafe.daum.net/shanthi**

책말글연구소

신현주, 김민규, 이지영, 신희정이 책말글연구소입니다. 책말글연구소는 초·중고 학생들에게 책+말+글을 가르치고 고민하는 곳입니다. 책을 통해 내면의 성숙을 이끌고, 말을 통해 나를 표현하며, 글을 통해 세상에 도움이 되는 사람을 길러내고 싶은 곳입니다. 위치는 천안시. **http://cafe.naver.com/booktalkwrite**

시인

김태진, 청소년 시인입니다. 석규 친구기도 하지요. 김, 태, 진, 이란 세 글자를 미리 기억하세요. 나중엔 아주 익숙한 이름이 될 테니까요. 자신의 시가 누군가에게 읽힌다는 사실만으로도 행복해 하는 진정한 시인입니다.

난 외로움을 종종 느낀다. 무난하게 잘 지내나 싶지만 어떤 때는 참 쓸쓸하다. 난 그 쓸쓸함과 외로움도 나의 일부로 받아들인다. 기타, 드럼, 노래, 글쓰기가 내 삶의 일부 이듯이.

한때는 반항아, 지금은 맹렬히 미래를 위해 공부하는 진짜 학생. 나는 나 스스로가 만드는 존재라 믿는다. 내가 무엇이 될지 모르지만, 잉여 인간이 되지 않기 위해 몸부림친다. 너무 불효를 많이 해서, 이젠 효자 노릇 조금 해볼까 하는 큰 결심(?)도 해본다.

순진함이 싫어서 일부러 나쁜 척했다. 순진함이 문제가 아니라 중심이 없음이 문제라는 지적을 받아들인다. 내 중심을 찾아야겠다. 사소한 즐거움을 찾아 즐길 줄 아는 영운이가 되고 싶다.

한때는 진한 화장 뒤에 숨어 남이 하라는 대로 춤추는 피에로였지만, 지금은 나만을 위해 춤을 추는 지인이다. 남이 원하는 내 모습을 거짓으로 꾸미는 삶에서 벗어나, 나를 사랑하며, 나를 아끼며 산다. 난 이제 더 이상 거짓투성이 피에로가 아니다.

난 남 눈치를 많이 본다. 혹시나 나를 욕하는 소리가 들릴까 봐 걱정도 많다. 다 함께 모인 자리에서 친구들이 칭찬을 많이 해줘서 굉장히 기뻤다. 앞으론 조금 가볍게 지내라는 충고가 가슴에 와 닿는다. 이젠 나도 재미나게 사람을 만나고 싶다.

10대들의 힐링캠프

문지현

난 활달하고 즐겁고 유쾌하고 장난 잘 친다. 엉망진창 과거를 딛고 새로운 삶을 살아 가기 위해 애쓴다. 분위기에 잘 휩쓸려서 내가 아닌 나로 지낼 위험을 항상 안고 산다. 내 중심만 잘 잡는다면, 난 더 없이 멋진 여자다.

황하은

나는 정말 내가 봐도 걱정이 없고 행복하게 산다. 난 사소한 행복이 좋다. 다들 부러 워한다. 그런데 너무 가볍다는 말도 종종 듣는다. 그리고 이제 조금은 진지함도 발휘 해 볼까 고민 중이다. 오징오징오징.

방소정

난 디자이너를 꿈꾼다. 메이크업 실력도 갖춘 디자이너. 멋진 모델이 내가 디자인한 옷을 입고 걷는 상상이 날 미소 짓게 한다. 조금 방정맞지만 그래도 난 늘 즐겁고 유 쾌하게, 나로 살고 싶다.

박나영

장난꾸러기 바람이 뛰어 노는 일요일 오후, 그 순간의 즐거움을 만끽하며 살아야지. 나 자신을 돌보며, 아파도 아픈 줄 모르고 살았던 지난날을 쓰다듬는다. 난 소중한 사람이다.

신예인

풍물을 사랑하고, 웃음이 예쁘며, 밝은 피부를 자랑한다. 거기다 멋지고 든든한 남자 친구까지. 주눅든 날 버리고 당당하게 살자. 아자!

최혜인

나를 더 사랑하고, 자신감을 품고 살고 싶지만 아직 어떻게 해야 그걸 이루는지 모르 고 산다. 나 자신을 믿는 사람이 되고 싶다.

신현주

예전에는 그림 그리는 때만 제외하면 행복하지 않았다. 그래서 행복을 간절히 원했다. 지금 나는 두려움도 많고, 걱정도 많지만, 행복하다. 난 행복한 [낭이]♥다. 이젠 사람을 무서워하지 않고 더 다가가서 사귀고 싶다.

강신우

이젠 지겨운 방황에서 벗어나고 싶다. 누구에게든 내가 사는 삶을 당당하게 내보이고 싶다. 꾸미지 않는 삶이 좋다.

김신애

사랑한다는 게 참 어렵다. 사랑을 제대로 하기 위해 애쓴다. 사랑하는 법을 제대로 배울 수만 있다면 내 10대는 행복했다고 기억하리.

김민규

가슴엔 폭풍 같은 열정과 사랑을 품었지만 겉으로 표현할 몰라 미친 듯이 반항아로 자랐다. 지금이야말로 제대로 사랑할 줄 아는 사람이 되었지만 사랑하는 이는 이미 멀리 떠나갔다. 사랑과 열정이 그립다.

이지영

글쎄, 내가 꿈꾸는 미래는 어떤 걸까? 불행과 행복이 극단으로 엇갈리는 내 삶에서, 내게 안정적인 행복이 찾아올까? 두려움과 기대가 뒤섞인다.

신희정

고생은 사람의 내면을 성장하게 만든다. 난 너무 편하게 지냈다. 인도는 나에게 고생이 무엇인지 가르쳐주었다. 난 가끔 어디 고생할 일 없나 돌아본다. 더 성장하고 싶은 욕심이다.

10대들의 힐링캠프에 사용한 책

유언

-김태진-

만약 내가 자살을 한다면

아마도 이런 유언장을 남기겠지

시제를 함께 구하고

시를 함께 요리하고

시를 함께 차리고

시를 함께 음미할

그런 친구가

그런 지음(知音)이

내겐 필요했다고